Le plan marketing

à l'usage du manager

DU MÊME AUTEUR :

Qui est riche ?, Eyrolles, 2007.

Rugby, les noces du Soleil et de la Terre, NPL éditeur, 2007.

Le Dieu football. Ses origines, ses rites, ses symboles, Eyrolles, 2006.

Délocalisations : aurons-nous encore des emplois demain ?, Seuil, 2005.

De krach en crise, Seuil, 2004.

J'ai oublié, Desclée de Brouwer, 2004.

Motivez vos équipes : négocier et suivre les objectifs de vos collaborateurs, Éditions d'Organisation, 2004.

Créations commerciales et publicitaires : mode d'emploi, Éditions d'Organisation, 2004.

Les Mensonges de la bourse, sous le pseudonyme de Vincent Almond, Seuil, 2003.

Faire passer un entretien de recrutement, Éditions d'Organisation, 2002.

L'Entreprise audacieuse. Comment conquérir les marchés de demain ?, préface de Frank Riboud, PDG du groupe Danone, Éditions d'Organisation, 2001.

L'Organisation de la Coupe du Monde : quelle aventure !, préface de Michel Platini, président de l'UEFA, Le Cherche Midi Éditeur, 1998.

Motivez vos équipes : le guide, Éditions d'Organisation, 1997.

La Fin des marques ? Vers un retour au produit, Éditions d'Organisation, 1996. Grand Prix 1996 du Livre de Management et de Stratégie L'EXPANSION – Mc KINSEY.

Comment juger la création publicitaire ?, préface de Bernard Brochand, ex-PDG du groupe DDB, Éditions d'Organisation, 1996.

Philippe VILLEMUS

Le plan marketing

à l'usage du manager

Éditions d'Organisation
Groupe Eyrolles
61, bd Saint-Germain
75240 Paris cedex 05

www.editions-organisation.com
www.editions-eyrolles.com

Remerciements

Je tiens à remercier, très chaleureusement, Agnès Le Bellac, professeur de marketing au groupe Sup de co Montpellier, pour sa lecture patiente du manuscrit, ses remarques toujours pertinentes et ses corrections judicieuses.

Mes remerciements vont aussi à Sylvaine Audrain, une grande professionnelle du marketing, avec qui nous avons conçu, rédigé et exécuté pas mal de plans, pour ses encouragements chaleureux et son amitié fidèle.

Sommaire

CHAPITRE VIII

Comment rédiger, présenter et communiquer le plan marketing ?

CHAPITRE IX

Introduction

> « Il n'y a que deux espèces de plan de campagne, les bons et les mauvais.
> Les bons échouent presque toujours par des circonstances imprévues
> qui font souvent réussir les mauvais. »
>
> Napoléon Iᵉʳ.

■ POURQUOI CE LIVRE ?

L'expression « plan marketing » suscite des réactions contrastées dans les entreprises. Parfois, elle évoque un document bureaucratique, oiseux, qui alourdit inutilement la paperasserie, déjà pléthorique, que l'on enfouit au fond des tiroirs ou dans des dossiers informatiques jamais ouverts, et dont le seul but est de se donner bonne conscience : « *Nous aussi, nous avons un plan marketing.* » Dans d'autres cas, elle est entourée de mystères et de fantasmes, particulièrement chez ceux qui ne connaissent pas vraiment le marketing et pour qui le plan marketing est réservé aux seuls initiés ou aux grandes entreprises sophistiquées et reconnues pour leur savoir-faire mercatique : « *Nous n'en avons pas car nous ne savons pas le faire.* » En réalité, le plan marketing n'est ni une formalité administrative supplémentaire ni un sésame réservé aux « as » du marketing. Il est un des outils de management essentiels et absolument nécessaires à l'atteinte des objectifs de ventes et de profit de toutes les entreprises, qu'elles soient grandes, moyennes ou petites, industrielles ou de services, *business to business* (entre entreprises) ou *business to consumers* (entre entreprises et particuliers).

Or, de nombreuses sociétés n'écrivent pas de plan marketing. Pourquoi n'en rédigent-elles pas ? Parce qu'elles disent manquer de temps, de ressources humaines, de compétences ou de volonté, ce qui dénote alors une certaine paresse ou réticence à se lancer dans ce qui apparaît comme un exercice fastidieux, long et superflu. Parce qu'elles ne voient pas ce qu'un tel exercice pourrait leur rapporter. En réalité, beaucoup de chefs d'entreprises se demandent souvent : « *Mais à quoi ça sert un plan marketing ?* » Et l'on entend souvent les phrases suivantes, formulées avec un certain affaissement des épaules et les bras ballants le long du corps : « *On a passé des semaines à en écrire un et finalement on ne s'en est jamais servi* », « *on a voulu se lancer dans l'exercice et on a abandonné car on ne savait pas quoi faire* », « *on nous demande d'en écrire un systématiquement, mais personne ne le lit* », « *on fait des plans marketing tous les ans, mais je n'en ai jamais vu la valeur ajoutée.* » Ce livre a donc été écrit parce qu'un plan marketing performant, cela peut rapporter beaucoup d'argent. À l'inverse, l'absence de plan peut en faire perdre encore plus.

■ QUEL EST L'OBJECTIF DE CE LIVRE ?

Il faut l'écrire d'emblée : cet ouvrage se veut avant tout opérationnel. Cela ne veut pas dire, nous le verrons, que le plan marketing n'est pas stratégique ou prioritaire, au contraire. Ce livre se veut opérationnel dans le sens où il propose une méthode, pas à pas, étape par étape, pour concevoir et écrire ce fameux plan marketing, tellement porteur de doutes fort compréhensibles ou d'espoirs souvent déçus. L'objectif numéro un est de proposer une méthode pour aider les dirigeants, les managers ou les responsables marketing à optimiser leur potentiel de croissance, de chiffre d'affaires et de profit, grâce à l'utilisation du plan marketing.

Parmi les objectifs secondaires de ce livre figurent les réponses aux questions suivantes : *qu'est-ce qu'un plan marketing ? Comment le conçoit-on ? Quelle est sa structure ? Comment le met-on en œuvre ? Comment l'écrit-on ? Comment le contrôle-t-on et, éventuellement, comment le révise-t-on en cours de période ?* Il s'agit d'aider les managers à élaborer et choisir leur stratégie marketing dans un environnement de plus en plus changeant, concurrentiel, complexe et mondialisé. La méthode présentée est simple mais pas simpliste, rigoureuse mais pas rigide, opérationnelle mais pas grossière. Elle explique comment on réalise un plan marketing rapidement et efficacement. D'où l'expression « vite et bien ».

L'entreprise est souvent le creuset de l'action, mais, avant d'agir, il faut aussi réfléchir. De même, dans le monde économique hyperconcurrentiel d'aujourd'hui, toute réflexion n'a de sens que si elle se traduit par des actions concrètes. Le plan marketing encapsule ces deux fonctions : réflexion et action. Car, par essence, le marketing est plus qu'une discipline : c'est l'art subtil qui marie réflexion stratégique et actions tangibles. Et, quand on me demande quelles qualités il faut posséder pour écrire un bon plan marketing, je réponds toujours en paraphrasant ce que me disait un des mes anciens PDG dans une grande multinationale de cosmétiques : « *Être poète et paysan* » ; c'est-à-dire avoir la tête dans les étoiles tout en gardant les pieds sur terre, avoir le pouvoir de rêver tout en ayant le sens des réalités.

■ À QUI S'ADRESSE CE LIVRE ?

La cible de ce livre est multiple. En priorité, nous nous adressons aux **dirigeants d'entreprise,** grandes, moyennes ou petites, voire très petites, qui ne font pas de plan marketing, soit par manque de compétences, soit par méfiance à l'égard des procédures marketing, jugées stériles et gloutonnes en temps et en énergie. Ceux qui écrivent déjà des plans marketing pourront comparer et évaluer leurs techniques à l'aune des recommandations qui vont être données dans cet ouvrage, qui a l'ambition de rendre plus efficace et plus rapide leur travail.

Il vise aussi **les managers des grandes entreprises, les décideurs et les équipes marketing** qui éprouvent le besoin de rationaliser, structurer, simplifier et améliorer les plans marketing qu'ils écrivent actuellement, qui sont souvent incomplets et partiels, ou assommants et inutilement alambiqués. Dans certains groupes, le formalisme prend parfois le pas sur l'opérationnalité et les plans marketing sont inintelligibles ou disparates.

Car la rapidité n'est pas incompatible avec l'efficacité. Les Anglo-Saxons l'ont bien compris, qui ont un mot pour dénommer l'efficacité optimale et rapide : *efficiency*[1], qu'on traduit par « efficience ». Les managers sont, en effet, souvent pressés. Concevoir, écrire et mettre en œuvre un plan marketing rapidement et pertinemment est donc un avantage concurrentiel. On devrait, d'ailleurs, pouvoir comptabiliser la vitesse à l'actif des bilans !

Il concerne aussi tous ceux qui, en dehors de la fonction marketing, sont appelés à décider, juger ou contrôler les performances des directions

---

1. *Efficiency* se distingue ainsi de *efficacity*. L'efficience implique l'atteinte des objectifs et l'optimisation du temps et des moyens utilisés. L'efficacité concerne seulement l'atteinte des objectifs, quels que soient les moyens et le temps utilisés.

marketing et commerciales : **responsables financiers ou contrôleurs de gestion.**

Enfin, il intéresse les **étudiants et enseignants** qui doivent mieux appréhender cet outil stratégique capital de la fonction marketing, souvent traité de manière trop théorique, superficielle et peu pratique.

■ COMMENT UTILISER CE LIVRE ?

Ce livre doit être utilisé comme **un guide pratique et un mode d'emploi.** Pour ceux qui n'ont jamais écrit de plan marketing, et qui ignorent même quelle est son utilité et ce qu'il doit contenir, sa lecture doit être linéaire : elle conduira le lecteur de la définition du plan marketing à son contrôle, en passant par son écriture et son exécution. On reproche souvent aux gens de marketing de rendre complexe ce qui peut être simple. Plus prosaïquement, les ingénieurs ou les financiers leur attribuent le défaut d'utiliser un jargon technique abscons, de maîtriser l'art douteux de masquer systématiquement les erreurs et les faiblesses, de positiver dans toutes les circonstances, et de transformer les échecs avérés en succès redoutables. On critique aussi souvent leur manque de rigueur, de sens stratégique et de planification, même si on leur reconnaît des talents de créativité indéniables et une grande capacité à vendre leurs projets. Hélas, « *la forme, ce n'est pas toujours le fond qui remonte à la surface* », pour utiliser une expression très répandue que l'on attribue, excusez du peu, à Victor Hugo ! L'art du plan marketing n'est pas seulement formel. Il exige une réflexion approfondie sur le fond, c'est-à-dire des choix essentiels et coriaces sur la stratégie, la politique générale de l'entreprise et ses grands objectifs : *quels produits, quels prix, quels circuits de distribution*[1]*, quelle communication, quel positionnement, quelle cible de clientèle, quels concurrents, quelles actions, etc. ?*

Ce livre assistera les managers dans ces choix, en les aidant à ordonner leurs idées, à se poser les bonnes questions, à élargir le champ du possible et à séparer l'essentiel du superflu. Mais, bien sûr, il ne remplacera pas leur jugement. Même en suivant à la lettre les conseils et les recommandations que nous allons donner dans les chapitres qui vont suivre, les managers ne pourront pas faire l'économie d'une réflexion

---

1.   Dans ce livre, nous incluons aussi, dans la politique de distribution, la politique de vente.

décisive et profonde sur les différentes options qui s'offrent à eux en matière de prix de vente, de qualité, de politique commerciale, d'investissements, de budget, de positionnement, de communication, de promotion ou de marque. Cet ouvrage contribue à bien poser les problèmes et à organiser les réponses : il guide les managers dans leur réflexion et dans l'ordonnancement du plan d'actions. Mais les réponses proprement dites dépendent de chaque dirigeant : de sa vision, de son projet, de ses buts, de ses moyens, de sa culture et même de sa personnalité.

Heureusement, comme l'écrivait Karl Marx : « *Tout problème bien posé est à moitié résolu.* » En posant les jalons et les étapes à suivre, notre ambition est d'organiser, hiérarchiser, faciliter et accélérer les choix marketing décisifs, qui sont autant de décisions managériales fondamentales pour l'avenir de l'entreprise, sa pérennité et son développement.

▪ QUEL EST LE CONTENU DE CE LIVRE ?

Tout bon livre sur le plan marketing se devait, bien sûr, d'énoncer en introduction le squelette du livre même, son contenu, c'est-à-dire le « plan du plan ».

Dans le premier chapitre, nous nous proposons de définir le plan marketing, en le différenciant bien du plan d'entreprise ou du *business plan*. Nous serons donc conduits à rappeler brièvement ce qu'est le marketing et ce qu'est un plan. Nous pourrons ainsi donner d'entrée de jeu les principales étapes qui composent un plan marketing performant.

Dans le deuxième chapitre, nous dirons qui doit concevoir, écrire, exécuter et décider du plan marketing et pourquoi. Car, bien sûr, les hommes précèdent l'organisation. L'entrepreneur devance l'entreprise. Les concepteurs préexistent aux structures. L'humain surpasse les procédures.

Dans le troisième chapitre, nous replacerons le plan marketing dans le cadre de référence de l'entreprise : son projet, sa mission, ses compétences, ses valeurs, sa culture et ses objectifs globaux.

Dans le quatrième chapitre, nous expliquerons comment analyser l'environnement général, le marché et le contexte interne de l'entreprise. Nous verrons comment étudier en particulier la demande (les consommateurs ou les clients) et l'offre (les concurrents directs et indirects). Cela nous permettra de conclure ce chapitre en montrant comment se fait une synthèse des forces et faiblesses de l'entreprise, et des opportunités et menaces auxquelles elle doit faire face.

Dans le cinquième chapitre, nous détaillerons comment fixer les objectifs et choisir la stratégie (en particulier le positionnement), en mettant bien en relief les différences radicales de niveau entre ces trois notions : objectif, stratégie et moyen.

Dans le sixième chapitre, nous nous attaquerons à la définition de la politique de marketing opérationnel et au choix des actions sur le produit, le prix, la communication et la distribution.

Dans le septième chapitre, nous verrons comment budgéter et programmer le plan marketing.

Dans le huitième chapitre, nous étudierons comment, à partir des éléments rassemblés dans les étapes précédentes, on passe à l'écriture proprement dite, à la présentation et à la phase de validation et communication du plan marketing.

Enfin, **dans le neuvième et dernier chapitre**, nous expliquerons comment exécuter, c'est-à-dire mettre en œuvre, suivre, contrôler et réviser, quand cela est nécessaire, le plan marketing. Le but étant toujours de conjuguer structure prédéfinie et capacité de réaction, planification et flexibilité, pour améliorer en permanence et en continu les résultats de l'entreprise.

En conclusion, nous donnerons un résumé opérationnel du plan marketing vite et bien, en soulignant la double caractéristique que doit posséder un tel plan : pertinence et différence. Nous inviterons aussi les managers à se méfier de toute forme de bureaucratie paralysante et source de lenteur. Et, comment ne pas terminer sur le talent des hommes et des femmes qui auront la responsabilité de la conception et de la réalisation du plan et donc de la conquête des marchés !

À la fin du livre, le lecteur trouvera des annexes illustrant certaines étapes du plan, les pièges à éviter, une trame de présentation du plan et un questionnaire pour le concevoir, ainsi qu'un glossaire des définitions et des principaux termes marketing utilisés dans cet ouvrage.

Et maintenant, à votre plan, vite et bien !

Le plan du livre en neuf questions

Chapitre I

Qu'est-ce qu'un plan marketing ?

Chapitre II

Qui doit concevoir, rédiger, exécuter et décider le plan ?

Chapitre III

Comment tenir compte du projet, de la mission,
de la vision et des valeurs ?

Chapitre IV

Comment faire un diagnostic de la situation ?

Chapitre V

Comment fixer les objectifs et choisir la stratégie ?

Chapitre VI

Comment agir sur le *mix* marketing ?

Chapitre VII

Comment budgéter le plan marketing ?

Chapitre VIII

Comment rédiger, présenter et communiquer le plan ?

Chapitre IX

Comment exécuter, suivre, contrôler et réviser le plan ?

Chapitre I

Qu'est-ce qu'un plan marketing ?

« La méthode, c'est le chemin, une fois qu'on l'a parcouru. »
Marcel Granet, cité par Georges Dumézil.

■ QU'EST-CE QU'UN PLAN MARKETING N'EST PAS ?

« Plan d'affaires », « projet d'entreprise », « plan marketing », « plan stratégique », « plan de développement » et autre « vision d'entreprise » font partie de la panoplie de tous les concepts que beaucoup d'entreprises s'acharnent à écrire, parfois dans la douleur, chaque année, ou à intervalles réguliers. Et encore, dans cet inventaire « à la Prévert » des documents plus ou moins hermétiques que « vendent » certains consultants madrés, on fait grâce au lecteur des dénominations anglaises comme *business plan, mission statement, business model, corporate planning* ou *strategic plan*. Dans la jungle des termes de gestion, où doit-on situer le plan marketing ? Dans un premier temps, nous allons essayer de situer le plan marketing par rapport aux autres documents nécessaires à la gestion ou la création d'une entreprise, afin de bien le différencier. Cette approche, par différence, nous permettra donc de dire ce que n'est pas le plan marketing, pour ne pas lui faire faire ou dire ce à quoi il n'est pas destiné.

Le *business plan* est un outil financier pour les créations d'entreprise

Il y a très souvent confusion entre le *business plan*, ou « plan d'affaires », et le plan marketing. Le *business plan* est un document qui doit plutôt être écrit au moment de la création d'une entreprise. Mais, bien sûr, le *business plan* s'utilise aussi dans le cas d'une entreprise déjà existante qui souhaite lancer un nouveau projet ou une nouvelle activité. Le *business plan* permet au créateur de l'entreprise et à ses partenaires, qu'on appelle les « porteurs de projet », de concevoir le plan de développement de leur activité future et de consigner par écrit les prévisions financières : les recettes, les dépenses et les besoins de financement. Il s'adresse donc en priorité à ceux qui vont financer le projet, les banques en particulier. En forçant le « néo-dirigeant » à formaliser les différentes étapes et les aspects financiers de son projet, le *business plan* incite les futurs créateurs à réfléchir non seulement sur les besoins en financement, le chiffre d'affaires, la trésorerie et le compte de résultat, mais aussi sur le marché, les clients, les concurrents, l'organisation, les produits, les services. Le *business plan* devient ainsi un outil de prévisions. Il permet de repérer une opportunité et de la transformer en projet, de valider la faisabilité budgétaire et de trouver le montage juridique et financier approprié. Il a donc une double fonction de communication et de stratégie. En externe, il sert à convaincre les investisseurs potentiels, à démontrer la faisabilité et à vendre le projet ou la nouvelle entreprise. En interne, dans le cas d'une organisation établie, il permet de recadrer les actions, de les piloter, mais aussi d'informer et de motiver tous les collaborateurs. On pourrait donc considérer que le plan marketing est un des éléments qui composent le *business plan* pour les nouvelles entreprises ou les nouveaux projets.

Le plan d'entreprise est le plan global long terme toutes fonctions

Le plan d'entreprise, qu'on surnomme aussi « PMT » (plan à moyen terme, à environ trois ans) ou « PLT » (plan long terme, à cinq ans ou plus), est le plan global de toute l'entreprise à un horizon plus ou moins long.

Dans ce plan stratégique, la direction générale fixe les objectifs de rentabilité et de vente de l'entreprise : *où veut-on aller ?* Puis, elle explique les stratégies par fonctions ou domaines : finances, marketing, production, ressources humaines, recherche et développement. La stratégie dit : *comment y aller ?* Dans le plan long terme, la direction détaille aussi les grands moyens pour atteindre ces objectifs et mettre en œuvre ces stratégies : *qui fait quoi, quand, où, comment et avec combien ?* La stratégie marketing fait partie intégrante de la stratégie d'entreprise. Parfois, le plan marketing, sous une forme résumée, est une section du plan global. Le plan stratégique d'entreprise a pour but de préparer l'avenir de l'entreprise en finalisant les objectifs visés, les stratégies acceptées dans tous les domaines et les allocations de ressources (investissements éventuellement).

Le plan marketing n'est donc ni un *business plan*, ni le plan d'entreprise, ni le projet d'entreprise (voir le chapitre III). Il diffère, bien évidemment, d'un plan purement financier ou commercial, ou d'un plan d'investissement. Il n'inclut pas toutes les stratégies de l'entreprise. Les dirigeants doivent donc aussi avoir des plans financiers, industriels, recherche et développement, *supply chain*, ressources humaines, qui, ensemble, forment le plan général de l'entreprise. Mais, dans le cas d'une nouvelle activité ou d'un nouveau projet d'envergure au sein d'une organisation existante, il peut être légitime et utile de rappeler ou de clarifier la vision et la mission de l'entreprise. Nous verrons au chapitre III comment situer le plan marketing dans le cadre général de l'entreprise, en particulier son projet, sa mission et ses valeurs.

QU'EST-CE QUE LE MARKETING ?

Une définition large : créer et délivrer de la valeur

Nous n'allons, bien sûr, pas nous lancer dans ce livre dans une étude approfondie de ce qu'est le marketing. D'abord, parce que la plupart des lecteurs savent ce qu'est le marketing. Ensuite, parce qu'il y a tellement de types de marketing (politique, non-lucratif, social, public, *B to B*, industriel, de services, etc.) et tellement de définitions plus ou moins générales ou restrictives que ce serait lancer un débat purement académique. Néanmoins, il nous paraît nécessaire de circonscrire la fonction marketing, afin que les plans marketing élaborés dans les entreprises, en particulier les PME ou TPE, soient pertinents et rentables.

En synthétisant quelques approches et en échappant aux définitions trop générales[1], on pourrait d'abord écrire que le marketing est « l'ensemble des moyens dont dispose une entreprise pour vendre ses produits à ses clients d'une manière rentable[2] ». Selon Kotler, un des « gourous » de la discipline, le marketing « est la science et l'art de

---

1. Pour l'association américaine de marketing (www.ama.com), « le marketing est une fonction de l'organisation et un ensemble de processus qui consistent à créer, communiquer et délivrer de la valeur aux clients ainsi qu'à gérer des relations avec eux afin de servir l'organisation et ses parties prenantes ».

2. Définition proche de celle de D. Lindon dans *Le Marketing* (Dunod, 2005), et de J. Lendrevie dans *Mercator* (Dalloz, 2003).

choisir ses marchés cibles, d'attirer, de conserver, et de développer une clientèle en créant, en délivrant et en communiquant de la valeur[1] ».

Une définition facile : la conquête scientifique des marchés

Quand un non-initié demande ce qu'est le marketing, on peut répondre : « *Le marketing, c'est la conquête scientifique des marchés.* » On pourrait, d'ailleurs, préciser « *la conquête scientifique, durable et rentable des marchés* ».

Une définition qui colle au plan marketing

Afin d'aider les dirigeants à rédiger leur plan marketing, et pour rester pratique et méthodique, nous proposons la définition suivante à ceux qui veulent comprendre la finalité opérationnelle du plan marketing :

> « Pour optimiser le profit de l'entreprise, la pratique du marketing consiste à construire son offre, compte tenu de la demande, du jeu des autres, et des moyens dont on dispose dans un cadre politique, éthique et environnemental choisi. »

Cette définition, qui accompagnera la conception du plan marketing, appelle quelques commentaires qui seront utiles à la compréhension des enjeux d'un plan marketing vite et bien.

« Pour optimiser le profit » signifie que le but du marketing n'est pas seulement de vendre, mais bel et bien d'augmenter la rentabilité et les bénéfices de l'entreprise. Cette remarque s'applique particulièrement aux petites structures, PME locale, TPE ou artisans, pour qui le marketing n'est qu'une technique de vente. Un plan marketing n'a d'intérêt que s'il sert à accroître les bénéfices. Car, vendre sans gagner de l'argent, c'est relativement facile ; vendre en gagnant beaucoup d'argent, c'est plus compliqué !

La « pratique » est un mot qui relativise le caractère *scientifique* du marketing. Certes, depuis cinquante ans, les techniques du marketing se sont perfectionnées et affinées et sont allées puiser de la rationalité dans d'autres domaines (panels, études de marché, tests, etc.). Pour autant, le marketing n'est pas une science, mais un art qui consiste à influencer le comportement des autres, en particulier les clients. Or,

---

1. *Marketing Management*, Pearson Education, 2006, 12e édition.

fondamentalement, influencer le comportement des autres ne relève pas encore de la science pure et dure. Les mathématiciens ou physiciens considèrent que les sciences de gestion sont des sciences molles[1]. Au sein de ces dernières, le marketing est une science encore plus molle que la finance ou la comptabilité, par exemple.

« Construire son offre » implique que le marketing intervient très en amont dans le processus de conception des produits ou des services. C'est là que se situe la vraie révolution qu'a opérée le marketing dans les entreprises. Car, avant l'introduction de cette discipline, les firmes produisaient des biens et cherchaient ensuite à les vendre ; leur slogan était : « Il faut vendre ce que nous savons produire. » Avec l'esprit marketing, il s'agit d'abord d'identifier des marchés potentiels et, ensuite, de créer les produits ou les services appropriés à ces marchés cibles ; le slogan est inversé : « Il faut produire ce que nous savons vendre. » Dans cet esprit, l'offre recouvre tous types de produits ou services : biens de consommation courante (stylo, yogourt, savon, lessive, etc.), biens durables (voiture, ordinateur, machine à laver, etc.), services (banque, assurance, restaurant, cinéma, etc.), biens industriels vendus à d'autres entreprises (acier, ciment, fenêtre, plastique, etc.), services aux autres entreprises (audit, conseil informatique, gardiennage, etc.). Dans ce livre, le mot « produit » s'entend au sens d'offre et pas forcément de bien matériel ; le produit pourra aussi désigner une activité de service[2].

« Compte tenu de la demande » signifie que ce sont les consommateurs (finaux, intermédiaires ou prescripteurs), les clients, les acheteurs ou les usagers qui vont guider la construction de l'offre. Le produit a une fonction, le consommateur a des besoins : une perceuse, ça sert à percer un trou, mais le consommateur a besoin d'accrocher un cadre au mur. Le rôle de l'entreprise devient la satisfaction des besoins des clients.

Le « jeu des autres » désigne les autres acteurs du marché, qui vont affecter l'entreprise. En première place, bien sûr, figurent les concurrents directs, puis indirects. Mais il peut aussi s'agir des fournisseurs, s'ils ont un poids sur le marché (les pétroliers, les fournisseurs de cacao). Certaines institutions peuvent aussi influencer le marché : l'État, qui, par la législation ou les taxes, peut favoriser ou entraver les ventes

---

1. Les sciences molles sont, par exemple, la sociologie ou l'ethnologie, qui ne peuvent se mettre en équation.
2. On pourrait définir le produit, au sens large, comme « tout ce qui est proposé par l'organisation, y compris les idées ou les candidats », ou comme « tout ce qui est "marketé" ».

de tel produit ou service, les associations de consommateurs, un distributeur monopolistique, etc. Le plan marketing devra donc intégrer ces autres « joueurs », et en tirer des conclusions opérationnelles en termes d'actions.

« **Des moyens dont on dispose** » souligne que le marketing doit garder le sens des réalités. Le plan marketing devra donc tenir compte des moyens financiers, humains, industriels, technologiques et commerciaux que possède l'entreprise. Parmi ces moyens, on fera figurer le temps : en effet, le facteur temps est une donnée-clé en marketing (par exemple, pour développer un produit ou fournir un service, il faut des délais, qui peuvent varier énormément selon les compétences et les performances des entreprises). Le plan marketing précisera donc les budgets, les responsables, le calendrier et les échéances des actions.

« **Dans un cadre politique choisi** » renvoie au projet d'entreprise, à sa vision ou à sa mission. Le projet, la vision ou les missions serviront de cadre général, parfois très strict, au plan, qui pourra proscrire certaines opérations marketing. De même, il est impératif que le plan marketing respecte l'éthique, indispensable aux entreprises qui veulent bâtir un *business* pérenne et respectueux des hommes, des lois, mais aussi de l'environnement. De plus en plus, selon nous, les plans marketing devront donc incorporer le respect de l'environnement, afin de contribuer au développement durable, c'est-à-dire à un développement qui satisfait les besoins des générations actuelles, tout en préservant la satisfaction des besoins des générations futures[1].

QU'EST-CE QU'UN PLAN ?

La planification optimise les résultats, les ressources et la motivation

Étymologiquement, le plan, du latin *planus*, « surface plate », est d'abord une projection horizontale (d'une maison, par exemple), puis, à partir du

---

1. Le développement durable (*sustainable growth* en anglais) est, selon la définition proposée en 1987 par la Commission mondiale sur l'environnement dans le *Rapport Brundtland*, « un développement qui répond aux besoins des générations du présent sans compromettre la capacité des générations futures à répondre aux leurs. Deux concepts sont inhérents à cette notion : le concept de "besoins" et plus particulièrement des besoins essentiels des plus démunis, à qui il convient d'accorder la plus grande priorité, et l'idée des limitations que l'état de nos techniques et de notre organisation sociale impose sur la capacité de l'environnement à répondre aux besoins actuels et à venir ».

XVIIIe siècle, un projet élaboré. La planification est un des rôles majeurs de la direction d'une entreprise. La planification est une condition préalable à l'action proprement dite et ce, pour au moins trois raisons. Tout d'abord, gérer une entreprise, c'est gérer plusieurs activités, comme un chef d'orchestre. Ensuite, la planification oblige à une évaluation des forces et faiblesses de chaque activité par rapport au marché. Enfin, pour attaquer des marchés, il faut des plans qui répondent aux objectifs à long terme de l'entreprise.

La planification engendre une meilleure utilisation des ressources de l'entreprise pour conquérir les marchés. Elle sert à anticiper les événements et à formaliser les actions et moyens choisis pour atteindre les objectifs. Elle insuffle, ensuite, de la motivation et un esprit d'équipe. Enfin, elle contribue à l'atteinte des objectifs. La planification est un processus dynamique, qui exige ténacité, structure et rigueur, mais aussi flexibilité et adaptation.

Le plan est la traduction concrète de la stratégie

La stratégie énonce les objectifs et l'ensemble des moyens généraux et abstraits permettant de les atteindre. Le plan, et son corollaire, la planification, est la suite logique du travail stratégique. Il va décrire concrètement et précisément les actions qui seront choisies, les responsables de leur mise en œuvre, les délais et les dates d'exécution, la manière dont elles seront réalisées et, enfin, les moyens (humains et budgétaires, par exemple) qui seront utilisés. La stratégie, c'est : *quel marché ? Quelle cible ? Quel produit ? Quels avantages concurrentiels ? Contre qui ?* Le plan, c'est : *quoi ? Comment ? Qui ? Combien ? Où ? Quand ?* Il a pour but de décrire les actions qui seront mises en œuvre pour atteindre les objectifs. Il identifie les marchés, les segments, les cibles, et prévoit les parts de marché (en volume, unité et valeur). La planification induit donc des études de marché, une synthèse des forces et faiblesses de l'entreprise, une identification des menaces et opportunités du marché, des prises de position, des prévisions, des objectifs, des actions, un programme, un calendrier, des budgets et un processus de contrôle et révision.

En principe, un plan est détaillé, annuel et chiffré. Il doit aussi être mesurable, c'est-à-dire évaluable. Il faut sans cesse rappeler aux équipes qui le conçoivent qu'un plan qui n'est pas mesurable n'est pas un plan. Le plan découle donc directement de la stratégie et du projet d'entreprise ou de ses missions. Par exemple, dans le secteur de l'habillement, la mission de H&M est : « *Nous souhaitons offrir à nos clients une valeur sûre, ce que traduit notre idée commerciale, "mode et qualité au meilleur prix".* » Une telle mission a des implications opérationnelles majeures chez H&M : raccourcissement des délais, de la conception à la mise en vente ; nombre restreint d'intermédiaires ; achat en volume important ; réduction des coûts à tous les niveaux.

En réalité, la stratégie ne peut se passer d'une planification. L'absence de plan est un trait distinctif, hélas, des PME par rapport aux grandes entreprises. De même, les Anglo-Saxons ont souvent un avantage sur les sociétés plus latines : leur capacité à planifier, à anticiper et à suivre l'exécution de leur plan. Le plan doit regrouper l'ensemble des niveaux stratégiques et opérationnels : l'analyse et le diagnostic de la situation (opportunités et menaces du marché ; forces et faiblesses de l'entreprise), la définition du positionnement (*Quoi ? Pourquoi ? À qui ? Contre qui ?*), le plan d'actions, le contrôle, le budget, l'évaluation.

Le plan est un moyen et non une fin

Le mot « plan », dans l'imaginaire de certains dirigeants, évoque la planification soviétique, le *Gosplan*, et la lourdeur bureaucratique ou administrative. Il est vrai qu'il faut savoir faire de la planification, comme de toutes les bonnes choses, un usage modéré. En particulier, nous ne pouvons que mettre en garde les PME ou les TPE contre les affres subies par les salariés des très grandes structures qui sont devenues des machines à produire des plans ; dans cet univers, où l'on empile les plans comme les couches d'un mille-feuille, le temps consacré à la rédaction des plans mange le temps de la réflexion et de l'action. Or, le plan est un outil et non pas un but en soi. C'est un moyen et non une fin.

Mais une entreprise n'a de stratégie efficace que si celle-ci se concrétise par un plan d'actions efficace. Comme le dirait Voltaire : « *Hors du plan, point de salut !* » Et, à ceux qui seraient réticents à toute formalisation par anticipation des actions, nous répondons que la planification a de gros avantages pour les dirigeants. Elle est un puissant stimulant de la réflexion stratégique. Elle force à plus de rationalité (en rendant les choix plus rationnels). Enfin, elle est le vecteur de négociation au sein de l'entreprise[1].

---

1. A. C. Martinet, « Planification stratégique », in *Encyclopédie de gestion*, Éd. Economica, 1997.

Le plan marketing s'insère dans le plan global de l'entreprise. Pour les firmes qui font du marketing l'arme numéro un de leurs activités, et dont l'organisation gravite autour des équipes marketing, le plan marketing est en réalité très proche du plan de l'entreprise.

■ QU'EST-CE QU'UN PLAN MARKETING ?

Le plan marketing est le plan d'attaque du marché

Le plan marketing est la traduction concrète des objectifs et de la stratégie marketing en un plan d'actions détaillées, chiffrées et programmées. Le plan marketing nous entraîne du général au spécifique, de l'abstrait au concret, de la réflexion à l'action.

Dans les écoles de guerre, on enseigne que la stratégie, c'est l'art de faire la guerre sur les cartes. Le plan marketing est, en quelque sorte, le plan d'attaque du marché qui va permettre de conquérir non pas des territoires sur une carte, mais des parts de marché ou des segments, c'est-à-dire des clients ou des consommateurs, en se battant, au figuré, bien sûr, contre des concurrents. En effet, écrire un plan marketing, c'est répondre aux questions stratégiques suivantes : *quels sont nos objectifs ? Quelle est notre cible ? Qui sont nos concurrents ? Quel positionnement allons-nous adopter ?* Mais c'est aussi répondre aux questions opérationnelles suivantes : *quel type de produits ou services allons-nous commercialiser ? Quel prix allons-nous fixer ? Quel circuit de distribution allons-nous utiliser ? Quelle politique de communication et de promotion allons-nous créer ? Qui va s'en occuper ? Quand allons-nous les mettre en œuvre ? Combien cela va-t-il coûter ?* Nous proposons donc la définition suivante :

Le plan marketing est un document composé de l'analyse de la situation marketing actuelle, des menaces et opportunités du marché, des forces et faiblesses de l'entreprise, des objectifs, de la stratégie et des actions marketing chiffrées, programmées, budgétées et responsabilisées.

Le but du plan marketing est de maximiser le profit futur

Le but principal du plan marketing est d'optimiser le profit annuel de l'entreprise en fixant aux équipes les objectifs, les stratégies et les moyens à mettre en œuvre. Le plan marketing peut servir de plan d'entreprise stratégique global. En général, il s'applique à un produit, une marque ou une activité ; dans ce dernier cas, le plan marketing est un dispositif d'exécution intégré au plan d'entreprise.

La planification et la prévision consistent à se projeter dans le futur et à fixer des objectifs. Car gérer, comme gouverner, « c'est prévoir ». Le plan marketing aide à maîtriser les évolutions de l'environnement (politique, économique, technologique, social et culturel), la complexité des situations, la rareté des ressources disponibles, l'abondance des choix possibles et les facteurs humains, toujours prépondérants en management.

Il existe différents types de plans marketing

Selon la taille de l'entreprise, sa présence mondiale ou locale, son métier (mono- ou multi-activité), le nombre de marques qu'elle commercialise, son organisation (centralisée ou par centre de profit, par zone géographique ou par fonction), l'entreprise pourra choisir différents types de plans marketing :

- **le plan global** : il est très adapté aux PME et TPE ;
- **le plan par activité ou par projet** : il doit être utilisé quand l'entreprise a plusieurs activités (par exemple : construction de logements, concessions de parking, travaux publics) ou gère des projets complexes en parallèle ; la somme des plans individualisés est égale au plan global ;
- **le plan par marque ou par produit** : il convient aux entreprises commercialisant plusieurs marques et beaucoup de gammes de produits (par exemple : huiles, moutardes, conserves) ou services ; là aussi, la somme des plans par marque égale le plan marketing de l'entreprise ;
- **le plan par zone géographique** : si l'entreprise est présente sur des zones géographiques très disparates (Europe, Asie, Amérique du Nord, Afrique, etc.), elle a intérêt à développer des plans marketing par zone ; mais, attention, il devra y avoir un croisement avec le plan par activité, marque ou projet ; dans un monde qui s'harmonise, nous conseillons de privilégier les plans par activité ou marque ;
- **le plan par circuit de distribution** : si l'entreprise utilise des canaux de distribution très différents (Internet, magasins, distributeurs généralistes, circuit sélectif), des plans par canal seront pertinents ;
- **le plan par segment de clientèle** : il est, en principe, assez proche du plan par activité ou circuit ; on peut imaginer, par exemple, qu'une entreprise fabriquant des produits alimentaires ou des jouets, par

exemple, construise des plans pour les bébés, les enfants et les ado-
lescents. De même, une segmentation selon le type de revenus est pertinente dans l'automobile. Par clientèle de particuliers ou d'affaires
pour une banque ou un constructeur informatique ;

- **le plan par événement ou plan *ad hoc*** est surtout nécessaire à l'occasion des lancements de nouveaux produits, des diversifications ou
des extensions d'activité ou de marque.

On ne peut pas non plus omettre que le type de plan choisi dépend aussi
du dirigeant, en particulier de sa culture (locale ou internationale), de
sa formation (un ingénieur favorisera le plan par projet, tandis qu'un
commercial optera pour le plan par circuit), voire de sa personnalité
(autoritaire ou participatif) ou de son mode de management (le centrali-
sateur choisira le plan global, le décentralisateur le plan par zone).

■ QUELLES SONT LES ÉTAPES DE LA CONCEPTION DU PLAN MARKETING VITE ET BIEN ?

Ne pas confondre conception et rédaction du plan marketing

Le développement d'un plan marketing doit se planifier. La planification
marketing est, d'ailleurs, le processus qui conduit au développement du
plan marketing. Il faut bien séparer la conception du plan marketing de
sa rédaction. Avant de rédiger le plan marketing, en effet, il va falloir
passer par des étapes de réflexion et d'analyse. Le plan marketing va du
général (la mission et les objectifs) au particulier (les moyens détaillés),
de la stratégie à la tactique, de l'état-major au terrain. Globalement, la
démarche de conception d'un plan s'articule autour de neuf étapes.

Les neuf étapes de la conception du plan marketing

Dans une première étape, le plan marketing s'insère, bien sûr, dans la
mission globale de la firme, qui lui servira de cadre général. En particulier, il devra tenir compte des objectifs généraux, long et court termes, que l'entreprise s'est assignés. Cette étape de cadrage requiert de
la vision.

La deuxième étape de travail se fonde sur un diagnostic marketing tant
externe qu'interne de la situation : l'environnement, la demande, l'offre
concurrente et les forces et faiblesses de l'entreprise. Cette analyse

approfondie va permettre de dégager des conclusions-clés, d'identifier les risques et les opportunités, et de commencer à tracer des lignes directrices. Cette étape exige d'excellentes capacités analytiques et synthétiques, et pas mal de perspicacité pour trier l'information disponible.

À partir de cette analyse, **dans une troisième étape,** on va fixer les objectifs marketing quantitatifs et qualitatifs. Ces objectifs doivent impérativement être chiffrés, hiérarchisés, réalistes et cohérents. Une estimation des résultats escomptés sera proposée. Cela demande le sens des réalités, mais aussi de l'ambition.

Une fois les objectifs fixés, les concepteurs du plan vont devoir déterminer, **dans une quatrième étape,** les stratégies marketing les plus pertinentes pour atteindre les objectifs. Cette étape stimule le sens du jugement et l'aptitude à décider parmi différents choix possibles.

Puis, **dans une cinquième étape,** ils vont s'attaquer à la traduction concrète de cette stratégie en des plans d'actions touchant les différents éléments du *mix* marketing (produit, prix, communication, distribution). Cette étape fait appel à la connaissance du terrain et demande beaucoup de sens opérationnel et d'imagination.

Ensuite, **dans la sixième étape,** chacune de ces actions sur le produit, le prix, la distribution ou la communication se verra affecter un responsable, un budget et un calendrier de réalisation. Le sens de l'organisation et la rigueur sont indispensables à cette étape.

Dans la septième étape, on passera à la rédaction proprement dite du plan marketing. Cela exige des talents d'écriture, de synthèse et de clarté. Mais il faudra aussi adopter une démarche de conviction qui transparaîtra dans le document.

La huitième étape consistera à communiquer, à vendre et à diffuser le plan dans l'entreprise.

Une fois mis en œuvre, le plan marketing sera suivi, contrôlé et évalué. Éventuellement, il fera l'objet d'une révision à la hausse ou, plus fréquemment, à la baisse.

De manière schématique, et à peu près dans cet ordre, la démarche à suivre pour concevoir un plan est donc la suivante :

Concevoir le plan marketing en neuf étapes

Étape 1	Replacer le plan dans le cadre général de la mission et des objectifs généraux de l'entreprise.	Dans quel cadre et quel but ?
Étape 2	Faire un diagnostic externe (opportunités et menaces) et interne (forces et faiblesses de l'entreprise) ; en tirer les conclusions-clés.	Où ? Pourquoi ? À qui ? Contre qui ?
Étape 3	Fixer les objectifs marketing (quantitatifs et qualitatifs ; chiffrés, hiérarchisés, réalistes et cohérents).	Quoi ?
Étape 4	Choisir la (les) stratégie(s) marketing (conquête, défense, pénétration, fidélisation.	Comment ?
Étape 5	Définir les plans d'actions sur le produit, le prix, la communication et la distribution.	Par quels moyens ?
Étape 6	Détailler les budgets, les responsables et les calendriers.	Combien ? Qui ? Quand ?
Étape 7	Rédiger le plan.	Quel type de document ?
Étape 8	Communiquer le plan.	Comment ? À qui ?
Étape 9	Contrôler, évaluer et réviser le plan.	Quel contrôle ? Pourquoi ?

Le plan marketing est donc précis et distinctif. Il identifie la concurrence. D'ailleurs, le bon plan, à la guerre comme en marketing, est celui qui tient compte du plan des autres. Tout en s'enracinant dans une analyse profonde et réfléchie, il est résolument tourné vers l'action. Mais la démarche que nous proposons ne doit pas être figée. Parfois, la définition des objectifs précède l'analyse, si la firme veut opter pour une politique volontariste. D'autres fois, les contraintes budgétaires priment sur l'efficacité des actions. À chacun, à partir du canevas conseillé, de se sentir à l'aise et d'organiser sa propre conduite. Quelle que soit la démarche, l'important est d'en avoir une, mûrie et réfléchie !

Quand écrit-on le plan marketing ?

Dans la plupart des cas, le plan marketing est écrit annuellement, au début du dernier trimestre, au moment où sont fixés les budgets et les plans d'actions de l'année à venir. Mais il est aussi nécessaire de formaliser un plan quand l'entreprise lance un nouveau produit ou service, ou opère un repositionnement saillant d'un produit primordial. Il doit être révisé tous les ans, voire parfois plus si l'entreprise a un rythme saisonnier, ou si un événement imprévu et significatif se produit sur le marché : agression d'un concurrent, innovation technologique, baisse des prix, changement de législation, récession macro-économique. Si les résultats en cours de période s'écartent trop des prévisions initiales, il faudra quasiment réécrire un nouveau plan ou le réviser substantiellement.

■ QUELLES SONT LES CARACTÉRISTIQUES D'UN PLAN MARKETING VITE ET BIEN ?

Le plan marketing est un outil à la fois stratégique et tactique

Bien sûr, le vocable « stratégique » est galvaudé. En économie et management, on l'emploie, à tort et à travers, dès que l'on veut souligner l'importance des choses. Tout livre qui n'explore pas un outil stratégique ne semble pas être pris au sérieux. L'étymologie renvoie au grec *strategos*[1], qui était un chef d'armée responsable de la conduite générale d'une guerre : la stratégie, dans l'Antiquité, c'était l'art de faire évoluer une armée. La stratégie marketing énonce quel chemin, parmi beaucoup de voies possibles, sera emprunté pour atteindre les objectifs de l'entreprise. La stratégie marketing regroupe les actions coordonnées en vue d'obtenir la victoire, non pas sur des ennemis comme à la guerre, mais contre des concurrents. La stratégie, c'est aussi l'art de faire des choix. L'étymologie du mot « tactique » remonte, elle, au grec *tekhné*, qui était « l'art de ranger et de faire manœuvrer les soldats ». La tactique en marketing consiste donc en l'art d'utiliser et de mettre en œuvre des moyens propres pour obtenir un résultat.

Le plan marketing est stratégique dans le sens où, en reprenant les caractéristiques de la stratégie telles que les définit par exemple G. Johnson dans *Stratégique*, il fixe une orientation, parfois à long terme, de l'organisation ; il définit l'avantage concurrentiel à atteindre ; il doit répondre aux évolutions de l'environnement ; il doit exploiter les

---

1.   De *stratos*, « armée », et *agô*, « je conduis ».

ressources et les compétences de l'organisation ; il prend en compte les attentes des parties prenantes ; il doit favoriser la création de valeur au-delà des coûts, selon un modèle économique difficilement imitable.

Mais il est aussi opérationnel, car son champ de vision est souvent à court terme, annuel la plupart du temps. Il dresse un plan des actions à mener, avec leur nature, leur budget, leur calendrier et leurs responsables. Il est chiffré et cherche à réduire les incertitudes en prenant des engagements dans un environnement changeant.

Plan = Stratégie + Tactique

En matière de marketing, la stratégie, ce sera, par exemple, le choix des marchés cibles, des concurrents, des opportunités ; la tactique, ce sera le choix des produits, des prix, de la distribution et de la communication.

Le plan marketing doit être SMAC !

Le plan doit être **simple** (et spécifique), **mesurable** (et précis), **accessible** (et réaliste), et enfin **cohérent** (et exhaustif).

La simplicité est une condition *sine qua non* de la réussite du plan marketing, c'est-à-dire de l'atteinte des objectifs fixés. Le plan doit être facile à comprendre, à utiliser et à communiquer. Et, pourquoi pas, agréable à lire ?

Le plan doit être **mesurable**. Les managers pourront l'évaluer. Il doit donc avoir une précision très poussée et concrète, avec des budgets, des dates et des noms de responsables. Un plan non mesurable n'est pas un plan !

L'accessibilité signifie que le plan a des objectifs réalistes et atteignables. De même, les actions choisies sont possibles et non pas farfelues ou trop onéreuses. Il faut mentionner ici que le manque de réalisme est souvent le premier défaut des plans marketing, surtout dans les grandes entreprises, où ceux qui le rédigent sont des salariés. Dans les PME et TPE, où le patron est aussi le propriétaire, les plans marketing, au contraire, manquent parfois d'ambition.

Enfin, un plan marketing, même bref, doit être **cohérent** avec les autres plans de l'entreprise (finance, industrie, vente, recherche et développement, ressources humaines). Et, bien sûr, avec la mission et les valeurs de l'entreprise, et donc le plan global d'entreprise. Il doit donc être relativement complet pour intégrer les contraintes internes (budget, technologie, coûts), mais aussi externes (« les plans des autres »). Pour cette raison, un plan peut difficilement faire moins de trois pages.

Nous verrons qu'au-delà de ces quatre caractéristiques essentielles, un plan doit en plus concilier souplesse, pour s'adapter aux évolutions, et rigueur, pour tenir le cap dans les difficultés et respecter les délais. Et, bien sûr, le plan doit être pertinent, c'est-à-dire bien fait !

Le plan donne la maîtrise du temps

Le plan marketing vite et bien, comme son nom l'indique, fait gagner du temps. Il aide aussi à le maîtriser en facilitant la réaction au changement de la demande, de l'offre ou de l'environnement (technologique, juridique ou économique). Car la maîtrise du temps et la vitesse sont des atouts dans le jeu concurrentiel. Combien de temps faut-il à un constructeur pour concevoir et mettre sur le marché une automobile ? On sait que Toyota met moins de trois ans entre l'idée et la mise sur le marché, là où beaucoup de constructeurs européens ont besoin de près de quatre ans. Combien de temps faut-il à un plombier pour venir réparer la baignoire qui fuit ?

Dans un contexte où l'activité des entreprises est devenue complexe, le temps est une denrée précieuse pour la conquête des marchés : temps de conception, temps de développement, temps de production, temps pour le lancement des produits, temps pour livrer, temps pour stocker, temps pour encaisser, etc. L'activité économique est aussi une course contre la montre. Or, pour réduire les délais, pour gagner du temps, il n'y a que trois solutions dans l'entreprise : accroître les risques, accroître les coûts, ou planifier. Seule la dernière solution a, bien sûr, notre faveur.

La première possibilité est d'élever les risques, ce qui, le lecteur en conviendra, n'est pas recommandable. Car, plus on raccourcit les délais, plus on augmente les risques. Par exemple, lancer un nouveau produit après ses concurrents directs peut être très dangereux. Hélas ! lancer très rapidement un produit déficient ou de mauvaise qualité n'est pas dangereux, mais tout simplement désastreux !

La seconde possibilité est d'accroître les coûts. Car, plus on raccourcit les délais, plus on accroît les coûts. Pour accélérer le chantier d'une maison, on peut faire travailler plus d'ouvriers en heures supplémentaires, mais cela coûte plus cher. En raccourcissant les délais, on ne bénéficie pas des effets d'expérience industrielle ou des effets de négociation avec les fournisseurs, par exemple.

La troisième voie est donc celle de la sagesse managériale : planifier, organiser, vérifier. Triviale évidence, une bonne planification permet de gagner du temps et de l'argent, tout en diminuant les niveaux de risques et de coûts ! Le management du temps suppose l'élaboration de plans d'actions validés et négociés entre les managers et les managés.

■ RÉSUMÉ DU CHAPITRE I

Qu'est-ce qu'un plan marketing ?

■ Le plan marketing, à ne pas confondre avec le *business plan*, tout en s'appuyant sur la mission et le projet de l'entreprise, fait partie intégrante du plan global de celle-ci. Il a pour but d'optimiser le profit de la firme et de construire l'offre de cette dernière en tenant compte de la demande, de la concurrence et des moyens dont elle dispose dans un cadre politique choisi.

Comme tout plan, il est la traduction concrète de la stratégie marketing. Habituellement écrit au début du dernier trimestre, il constitue le plan d'attaque stratégique et opérationnel du marché. Il expose l'analyse du contexte marketing, les menaces et les opportunités du marché, les forces et faiblesses de la firme, et fixe les objectifs, la stratégie et les actions marketing chiffrées et programmées.

Conçu en neuf étapes (1. Cadrage général, 2. Diagnostic externe et interne, 3. Fixation des objectifs, 4. Choix des stratégies, 5. Définition du plan d'actions sur le *mix*, 6. Budget et calendrier, 7. Rédaction, 8. Diffusion et 9. Contrôle), il doit être simple, mesurable, accessible et cohérent. Un plan marketing spécifique, souple et rigoureux fait gagner du temps et de l'argent. ■

Chapitre II

Qui doit concevoir, rédiger, exécuter et décider le plan marketing ?

« Si c'est l'énergie qui conçoit les plans les plus vastes, c'est la réflexion qui doit les mûrir et les diriger. »
Georges Danton.

Pour développer un plan marketing dans son ensemble, il faut rassembler trois éléments : **des hommes, du temps et des méthodes.**

Ce que nous appelons le « développement du plan » regroupe, en pratique, trois phases très distinctes dans leur objet, leur contenu et leur rôle. Ces trois temps sont : la conception, la rédaction et l'exécution. À chacun de ces temps, il faudra affecter un responsable et des exécutants. Selon nous, comme les hommes surpassent l'organisation, la nomination et la responsabilisation des collaborateurs seront donc fondamentales dans la réalisation conceptuelle et opérationnelle du plan.

Le temps et la lourdeur (ou la finesse) du processus de développement du plan dépendent de la taille et du nombre d'activités de l'entreprise. Dans une société qui compte plus de 250 collaborateurs, et qui possède une direction marketing structurée, moins d'une dizaine de personnes composeront le noyau dur multidisciplinaire de la conception et rédaction du plan. À ce noyau dur, viendront s'ajouter, selon les phases et les sujets, d'autres collaborateurs de différentes fonctions lors de séances *ad hoc*. Dans une PME, le noyau dur comprendra moins de cinq personnes, parfois une ou deux dans une TPE.

∎ QUI DÉCIDE DU LANCEMENT DU PLAN ?

Nous donnons ce conseil préliminaire à toutes les entreprises, quelles que soient leur taille ou leurs activités : le lancement de la conception du plan appartient à la direction générale. Il faut bien que les trois coups soient frappés par quelqu'un avant que le rideau ne se lève. Selon nous, cette impulsion initiale relève du patron. Dans les PME ou TPE[1], mais aussi dans les grandes entreprises, le patron donnera le signal de départ de la conception, en soulignant son importance capitale pour l'année à venir. Dans les grosses structures, le directeur général pourra diffuser une note de cadrage global. Dans les petites et moyennes organisations, une réunion fera l'affaire. Le patron replacera le plan marketing dans le contexte général de l'entreprise, en particulier, sa vision, ses missions et ses objectifs financiers et commerciaux clés, éventuellement ses valeurs (sans oublier les valeurs éthiques et écologiques) et ses contraintes majeures (budget). Il insistera sur le rôle décisif que jouera le plan marketing dans l'atteinte de ces objectifs prioritaires, et donc dans la réussite de l'entreprise l'année prochaine sur son marché. Il mettra aussi en place les meilleures conditions possibles pour la conception, la rédaction et l'exécution du plan ; pour ce faire, il désignera les responsables (souvent lui-même dans les PME, et toujours lui-même dans les TPE), rappellera la méthode utilisée pour réaliser le plan et fixera les échéances. Car tout tourne autour de ce triptyque de base : les hommes, le temps et la méthode. Dans les très grandes entreprises, ou celles ayant des activités multiples, le directeur général, pour le lancement, s'appuiera énormément sur son directeur marketing, ses patrons de marque, d'activité ou de centre de profit. Il est essentiel, dans cette phase de lancement, que le directeur général fixe clairement les dates butoirs auxquelles sera écrit, validé et diffusé le plan marketing. Car on passera, alors, à la phase d'exécution.

▪ QUI LE CONÇOIT ?

Un plan marketing, pour être appliqué et mis en œuvre correctement et efficacement, doit être conçu avec une forte implication d'un vaste éventail de compétences. Le plan marketing va mobiliser pratiquement toutes les fonctions de l'entreprise ; il est bon de ratisser large, c'est-à-dire d'impliquer un maximum de personnes dans le processus de développement. Et ce, pour au moins deux raisons. Tout d'abord, cela permettra de rassembler diverses compétences autour de la table de travail, de miser

---

1. Par convention, dans ce livre, nous appellerons TPE, une entreprise de moins de 11 salariés, PME une entreprise de moins de 250 salariés, et grande entreprise celle qui compte plus de 250 salariés et plus de 50 millions d'euros de chiffre d'affaires.

sur les synergies et de maximiser l'éclosion des nouvelles idées. Ensuite, dans la phase d'exécution, les responsables ou les équipes marketing auront forcément besoin des autres (commerciaux, acheteurs, contrôleurs de gestion, industriels, R&D). L'implication des autres fonctions, très en amont dans la phase de conception, au moment où se fixent les objectifs et les moyens, sera le meilleur garant de leur adhésion. Comme ils auront participé au plan de la maison, ils se sentiront d'autant plus concernés par sa construction.

Mais, attention, il ne s'agit pas d'avoir une vision trop œcuménique et angélique du travail collectif dans l'entreprise. Même si le plan n'est pas réservé aux « princes et princesses » du marketing, chacun doit rester à sa place : « *De chacun selon ses compétences, à chacun selon ses responsabilités* », pour paraphraser Marx et Engels. Un bon plan exige des compétences et des talents spécifiques : analyse, synthèse et surtout créativité. Et, pour construire une équipe, il faut un chef. Il faut, même dans les firmes qui encouragent la participation du plus grand nombre, identifier des responsables à chaque étape du plan marketing. Le responsable du plan marketing sera donc le chef d'orchestre qui réunira les différents musiciens dont il a besoin pour composer la partition et la jouer.

▪ QUI LE RÉDIGE ?

Certes, nous avons dit qu'il fallait bien séparer dans la méthode le temps de la conception de celui de la rédaction. Mais nous préconisons, paradoxalement, de confier la conception et la rédaction au même responsable. Le paradoxe n'est en effet qu'apparent : seul quelqu'un qui a participé à toute la phase de conception sera capable de synthétiser toutes les analyses et toutes les décisions prises. Il aura aussi la vue d'ensemble et le recul suffisant pour présenter le plan de manière vendeuse et opérationnelle. Une personne compétente en plan marketing doit donc être à la fois un concepteur et un rédacteur !

Dans les entreprises de plus de 250 ou 500 personnes, le responsable de l'écriture du plan sera donc le directeur marketing. Il rassemblera dans un même document les différents plans marketing écrits par les chefs de marque ou les chefs de produit. Dans les PME, le responsable marketing écrira, lui aussi, le plan, parfois sous la supervision très rapprochée du directeur général. Quand celui-ci a une réelle sensibilité marketing ou quand il sait bien rédiger, il écrira lui-même le plan. Dans les TPE, le patron, comme toujours, devra s'y coller !

▪ QUI L'EXÉCUTE ?

L'exécution va concerner toute l'entreprise. Mais, là aussi, il faudra trouver un responsable de l'exécution qui en contrôlera toutes les étapes opérationnelles et la mise en œuvre. Ô déception pour ceux qui pensaient que le marketing n'était que de la stratégie ! Nous recommandons de confier toujours à la même personne, responsable de la conception et de la rédaction, le rôle de suivre et diriger l'exécution du plan. Le lecteur pourra penser que c'est transformer les responsables marketing en moutons à cinq pattes, aux talents multiples, donc introuvables. Nous rétorquerons que c'est la richesse et la complexité de la fonction marketing qui la rend passionnante. Effectivement, réaliser un plan marketing demande des talents de concepteur, de rédacteur, d'exécuteur (non pas des basses besognes, mais des missions essentielles à l'atteinte des objectifs) et de contrôleur (non pas des travaux finis, mais des tâches en cours). C'est pourquoi le marketing est la voie royale vers la direction générale !

Il faut, néanmoins, signaler que, lors des phases de conception, de rédaction et surtout d'exécution, certaines très grandes entreprises font parfois appel à des conseils externes en planification. Quand la complexité et l'ampleur des projets l'exigent, il est bon de se faire assister par des experts en analyse opérationnelle, PERT[1], chemins critiques et gestion de projet. Mais, prudence, les conseilleurs n'étant pas les payeurs, la responsabilité finale de la conception et de l'exécution incombera toujours aux responsables d'activités de l'entreprise en interne.

▪ QUI EST RESPONSABLE *IN FINE* ?

Comme l'écrivait Le Bon : « *L'anarchie est partout quand la responsabilité n'est nulle part.* » Bien entendu, l'efficacité du plan dépend autant des méthodes et de l'organisation choisies pour le concevoir, le rédiger et l'exécuter que des compétences et des talents des hommes et des femmes qui justement le concevront, le rédigeront et l'exécuteront.

Pour répondre à la question « *qui est responsable* in fine *?* », on pourrait s'en sortir par une pirouette : **« *Le chef est toujours le responsable.* »** De manière opérationnelle, on peut cependant écrire que le responsable du

---

1. PERT signifie *Program Evaluation and Review Technique*. L'adjectif anglais *pert* signifie en réalité « malicieux » ou « malin ».

plan est le patron dans les TPE, le directeur général ou son directeur marketing (ou l'équivalent) dans les PME, et le directeur marketing dans les grandes entreprises, assisté de chacun des chefs de produit, eux-mêmes garants de leur plan marketing produit. Le plan marketing est certes l'affaire de tous, mais, au premier chef, il dépend du marketing, sachant qu'*in fine* c'est toujours le patron qui le valide et décide !

▪ COMBIEN DE TEMPS POUR CONCEVOIR ET RÉDIGER UN PLAN ?

Le lecteur l'aura deviné, si l'on veut que le plan marketing se fasse vite et bien, nous recommandons de ne pas faire traîner en longueur son développement. Contrairement à ce que suggèrent certains auteurs, nous pensons qu'un plan ne doit pas s'étaler sur plusieurs mois. Ce serait contraire à notre philosophie de la rapidité et de l'efficacité maximales. Faire étaler le processus de février jusqu'à novembre, comme s'y adonnent certaines sociétés, constitue un gâchis de temps et d'énergie, et une dispersion effarante de moyens et de priorités. Car, dans l'entreprise, il y a le temps de la réflexion et celui de l'action, même si les deux peuvent s'interpénétrer allégrement. L'immense majorité des hommes et femmes d'entreprise ne sont pas des planificateurs professionnels. Ils pratiquent ce que les Anglo-Saxons nomment la *procrastination*[1], c'est-à-dire « *l'art de remettre à demain ce qui peut être fait le jour même* ». En matière de plan marketing, la maxime suivante s'applique parfaitement : « *Un travail prend le temps que l'on a pour faire ce travail.* » Surtout que les responsables marketing, qui sont de purs généralistes, qui ont à gérer des tâches très multiples et dont les priorités varient presque chaque jour, sont loin d'être des artistes et des amoureux de la planification.

Pour être précis, si l'on suit les conseils de ce livre, nous pensons qu'un plan marketing peut être conçu et écrit en deux jours pleins dans une TPE, en trois jours dans une PME, et en une semaine dans une grande entreprise. Même dans ce dernier cas, nous pensons que le processus ne doit pas s'étaler sur plus d'un mois (deux mois à la rigueur, quand les activités sont multiples et les marques nombreuses), sachant que les responsables marketing ne vont pas se concentrer uniquement sur

---

1. Du verbe *to procrastinate* qui signifie « repousser jusqu'au dernier moment les choses à faire ».

le plan pendant cette période : ils y consacreront cinq jours, répartis sur un ou deux mois. Au-delà de la taille de l'entreprise, d'autres facteurs vont influencer la durée de conception et de rédaction du plan : le nombre de marchés sur lesquels opère l'entreprise, le degré de nouveauté de ces activités, la maturité des marchés, l'intensité de la concurrence et la personnalité du dirigeant.

■ RÉSUMÉ DU CHAPITRE II

Qui doit concevoir, écrire, exécuter et décider le plan marketing ?

■ Pour concevoir, rédiger et exécuter un plan marketing, il faut du temps, de la méthode et, bien sûr, des hommes. Les trois temps de la conception, de la rédaction et de l'exécution, ainsi que les ressources humaines nécessaires, dépendent de la taille et du nombre d'activités de l'entreprise. C'est le directeur général qui, dans tous les cas, lance le développement du plan et fixe, en particulier, les objectifs-clés et la date de diffusion du plan.

Le plan marketing doit être conçu et rédigé grâce à un travail d'équipe pluridisciplinaire, par le patron dans les TPE (idéalement en deux jours), par le responsable marketing sous la supervision rapprochée du directeur général dans les PME (idéalement en trois jours), et par le directeur marketing, assisté des chefs de produit qui font le plan produit, dans les grosses sociétés (idéalement en cinq jours).

La validation du plan avant diffusion incombe au seul directeur général. Son exécution concerne presque tous les collaborateurs de l'entreprise, sous le contrôle du responsable du plan marketing, qui est donc à la fois un concepteur imaginatif, un rédacteur motivant et un contrôleur rigoureux ! ■

Chapitre III

Comment tenir compte du projet, de la mission, de la vision et des valeurs ?

« Des pensées sans contenu sont vides, des intuitions
sans concepts, aveugles. »
Emmanuel Kant, *Critique de la raison pure.*

■ D'OÙ VENONS-NOUS ? QUE SOMMES-NOUS ? OÙ ALLONS-NOUS ?[1]

Les sociétés performantes, qu'elles soient grandes ou petites, ont souvent les mêmes caractéristiques saillantes qui expliquent leur réussite. Tout d'abord, elles connaissent parfaitement leur métier et leurs compétences-clés. Ensuite, leurs employés partagent des valeurs communes et profondes. Enfin, elles savent où elles vont.

La mission, les valeurs et la vision constituent le cœur de leur identité, un peu comme les gènes dans le corps humain. Ces trois éléments, quasi génétiques, forment le ciment de l'organisation et des individus. Avant d'élaborer le plan marketing, il est donc capital de bien appréhender le cadre général dans lequel il va s'inscrire. Ce cadre général, que d'aucuns appellent « projet d'entreprise », s'articule autour de

---

1. En 1897, en Polynésie, Gauguin peint un de ses tableaux les plus célèbres, et s'interroge sur l'essence de la destinée humaine : *D'où venons-nous ? Que sommes-nous ? Où allons-nous ?* Ce tableau fut conçu, d'après le peintre lui-même, pour incarner une somme philosophique de la vie, de la civilisation et de la sexualité. La vie de l'homme, du début à la fin, se passe dans un jardin tropical dominé par la statue d'une déesse.

concepts fondamentaux, qui sont autant de fondations sur lesquelles seront bâtis tous les plans de l'entreprise, y compris le plan marketing : la mission, le métier, les compétences-clés, les avantages concurrentiels, la vision, les valeurs et la culture, les objectifs globaux, le plan stratégique.

Car, c'est une évidence, on ne peut construire un plan marketing pertinent et performant, si on ignore les enjeux suprêmes de la firme : *quelle est la raison d'être de la firme ? Où va-t-elle ? Que cherche-t-elle à devenir ? Quels sont ses objectifs à court et long termes ? Quels sont ses enjeux financiers et budgétaires ? Existe-t-il une culture ou des valeurs qui influencent la façon de gérer les affaires, de satisfaire les consommateurs, de vendre aux clients, de développer des nouveaux produits ou services, etc. ?*

QU'EST-CE QUE LE PROJET D'ENTREPRISE ?

Le projet d'entreprise, parfois confondu avec « mission » ou « vision » d'entreprise, est devenu, ces dernières années, une des tartes à la crème du management. Il nous a donc paru nécessaire, dans ce livre, de clarifier beaucoup de ces notions. Et ce, d'autant plus que les Anglo-Saxons utilisent d'autres expressions largement reprises par les entreprises francophones (sauf les québécoises bien sûr !) comme *mission statement*[1], *corporate vision* ou *corporate strategies*, pour cerner ce projet d'entreprise parfois nébuleux. Selon nous, on pourrait s'accorder sur le compromis suivant : le projet d'entreprise encapsule la mission, le métier et la vision de l'entreprise.

Soyons clairs : le projet d'entreprise est avant tout le projet de l'entrepreneur. Il peut, certes, évoluer avec le temps, mais un vrai projet d'entreprise est défini par le créateur même de l'entreprise. Idéalement, il se décline sous l'angle économique, social, environnemental et humain. Le projet d'entreprise est une courte déclaration (*statement* en anglais) des buts de l'entreprise. Il sert à informer et mobiliser les collaborateurs et les investisseurs autour des ambitions essentielles de l'entreprise. Dans le projet d'entreprise, on inclut, en principe, la mission, la vision et les valeurs de l'entreprise, le secteur sur lequel elle

---

1. *Statement* peut se traduire par « déclaration » ou de préférence, ici, par « prise de position ».

veut opérer, ses clients primaires, les responsabilités vis-à-vis de ces clients et les principaux objectifs nécessaires à l'accomplissement de la mission.

Par exemple, le projet d'entreprise de Microsoft est : « *Permettre aux individus et aux organisations, dans le monde entier, d'exploiter pleinement leur potentiel*[1]. » Pour Google, c'est : « *Organiser l'information mondiale et la rendre accessible et utile à tous*[2]. » Le rapport d'activité du laboratoire pharmaceutique Merck proclame : « *Fournir au monde des produits et des services de qualité supérieure en développant des innovations et des solutions qui améliorent la qualité de vie et satisfont les besoins des consommateurs, donner aux employés un travail motivant et des opportunités d'évolution, et aux investisseurs un taux de rendement supérieur*[3]. »

■ QU'EST-CE QUE LA MISSION ?

La mission est la raison d'être de la firme aujourd'hui : *quel est notre métier ? Sur quel marché ?* La mission explique à quoi sert l'entreprise et qui elle satisfait. La mission énonce par une déclaration (une affirmation en forme de prise de position) courte, claire et inspirante la raison essentielle pour laquelle la firme a été créée. Elle décrit ce qu'elle est et ce qu'elle fait. On dit que la mission du programme Apollo était : « *Faire atterrir un homme sur la Lune avant les Soviétiques.* » Pour un restaurant d'une petite ville de province : « *Faire que nos clients reviennent toujours pour bien manger, trouver un service attentif et une atmosphère amicale.* » La mission, pour bien inspirer et orienter la stratégie globale qui en découlera, doit, si possible, être :

- **précise** (« être leader grâce à la qualité des produits », c'est une mission floue et inconsistante) ;
- **spécifique**, c'est-à-dire différente et distinctive des autres acteurs (la plomberie à domicile) ;
- **orientée vers le marché**, afin d'identifier l'espace concurrentiel (la micro-informatique d'entreprise) ;
- **expressive** du savoir-faire et des activités de la firme ;

---

1. « To enable people and businesses throughout the world to realize their full potential. »
2. « Organize the world's information and make it universally accessible and useful. »
3. Site Internet *www.merck.com*, 2 avril 2008.

- **claire sur les produits et services offerts** ;
- **claire sur les zones géographiques visées** (le monde ou Palavas-les-Flots).

Définir une mission, c'est répondre aux questions suivantes : *quel est notre métier ? Quels sont nos clients ? Que leur apportons-nous ? Que deviendra notre métier ? Que devrait-il être ?* Ainsi Amazon a-t-elle changé de mission en passant de « *la plus grande librairie en ligne au monde* » à « *la plus grande boutique en ligne au monde* » ; d'où la vente sur ses sites de produits ménagers, d'outils, etc. Le site Internet de ventes aux enchères eBay a pour mission : « *Nous aidons les gens à vendre pratiquement tout ce qui existe. Nous continuons à améliorer les expériences de vente et d'achat en ligne de chacun : collectionneurs, agents commerciaux, PME, chercheurs d'un article précis, chasseurs de bonnes affaires, vendeurs ponctuels et surfeurs sur Internet sans but précis.* »

Sur son site Internet[1], le groupe LVMH nous dévoile sa mission : « *La mission du groupe LVMH est d'être l'ambassadeur de l'art de vivre occidental en ce qu'il a de plus raffiné. LVMH veut symboliser l'élégance et la créativité. Nous voulons apporter du rêve dans la vie, par nos produits et par la culture qu'ils représentent, alliant tradition et modernité.* » Par ailleurs, le groupe LVMH va plus loin en nous renseignant sur ses valeurs : « *Dans ce cadre, cinq impératifs constituent des valeurs fondamentales partagées par tous les acteurs du groupe LVMH : être créatifs et innovants, rechercher l'excellence dans les produits, préserver passionnément l'image de nos marques, avoir l'esprit d'entreprise, être animés de la volonté d'être les meilleurs.* » Son président nous donne aussi les grandes lignes de la stratégie du groupe dans le message suivant, du 6 février 2008 : « *Poursuivre un développement exceptionnel ; un patrimoine unique de marques emblématiques ; une forte croissance interne grâce aux performances de nos valeurs sûres et de nos stars montantes.* »

Bien entendu, il est impératif que les responsables marketing connaissent et comprennent parfaitement la (les) mission(s) de l'entreprise, car il existe souvent un écart entre la mission déclarée et voulue (« *ce que sont nos clients, ce que nous leur apportons, ce que sont nos produits et nos services* ») et la mission perçue dans la réalité par les clients et les employés. La mission perçue est racinienne : elle décrit l'entreprise telle

---

1. Site Internet www.lvmh.fr, 2 avril 2008.

qu'elle est. La mission assignée est cornélienne : elle décrit l'entreprise telle qu'elle devrait être[1].

QU'EST-CE QUE LA VISION ?

« *Toute la vie est dans le verbe "voir"* », affirmait Pierre Teilhard de Chardin. La vision de l'entreprise énonce, en une phrase ou deux, où l'entreprise veut aller, et brosse un tableau général de ce qu'elle veut devenir. Par exemple, la vision d'Apple est de « changer le monde par la technologie ». La vision décrit un état futur, souhaité ou visé, comme le mot « vision » l'évoque : *où veut-on aller ?* La vision est source d'inspiration : *dans quel business voulons-nous être ?* Il est parfois difficile de savoir s'il faut fixer la vision avant la mission. En général, pour les nouvelles entreprises, la vision doit guider la mission puis la stratégie. Mais, pour les firmes établies qui ont déjà une mission, celle-ci va orienter la vision et la stratégie. Dans tous les cas, au-delà de ces arguties, une entreprise a besoin de savoir où elle en est au présent, quels sont ses ressources et ses obstacles actuels, et surtout où elle veut aller, avant de dresser non seulement des plans sur la comète, mais, surtout, un plan marketing !

La vision doit donc être ancrée dans la réalité, pour qu'elle puisse guider le plan stratégique global dans un premier temps, puis le plan marketing, dans un deuxième temps. Attention donc aux visions trop incantatoires qui conduisent à des plans marketing irréalistes. Car, comme l'affirme Gilbert Keith Chesterton : « *De la vallée, on voit de grandes choses. Du sommet du pic, on n'en voit que de petites.* »

QUE SONT LE MÉTIER, LES COMPÉTENCES-CLÉS ET LES AVANTAGES CONCURRENTIELS ?

Le métier est le savoir-faire

On peut préciser, dans un projet d'entreprise, le métier[2] de l'entreprise, c'est-à-dire son savoir-faire.

---

1. La Bruyère a écrit dans *Les Caractères* (1688) : « Celui-là [Corneille] peint les hommes comme ils devraient être, Racine les peint tels qu'ils sont. »
2. Le choix du métier, pour les créateurs d'entreprise, passe par la double évaluation suivante : d'un côté, ce que ce métier peut rapporter, l'attractivité du marché ; de l'autre, ce qu'il faut investir en termes financier, industriel et humain, le niveau de compétitivité de la firme.

Le métier[1], c'est ce que l'entreprise sait faire ou ce qu'elle devrait savoir faire. Le métier permet de répondre aux questions suivantes : *quels besoins la firme satisfait-elle ? Quels sont les facteurs (technologie, prix, distribution, etc.) influençant le métier ? Quel rôle la firme joue-t-elle dans ce métier ?* Un métier peut se définir par les technologies (un fabricant de produits surgelés), les besoins satisfaits (la micro-informatique), le type de clientèle visée (une banque d'affaires ou de particuliers) ou les circuits de distribution (le circuit café-hôtel-restaurant).

La définition du métier ne doit être ni trop large, car la firme risquerait de disperser ses efforts et ressources pour acquérir les compétences, ni trop étroite, car elle se cantonnerait dans une micro-niche avec de faibles perspectives de croissance, ou courrait le risque de se voir absorbée. Une entreprise du bâtiment peut définir son métier comme étant la « construction », ce qui est très limitatif, ou comme une société qui « offre aux clients les meilleures solutions de logement », ce qui est plus vaste. Un fabricant de cosmétiques se définit comme « une entreprise de produits de beauté et de bien-être » ; une chaîne de télévision devient une « entreprise de loisirs », un constructeur d'ordinateurs une « entreprise de traitement de l'information ». IBM, par exemple, se définit comme un « constructeur de réseaux ».

Les compétences-clés améliorent les bénéfices pour les clients

Les compétences-clés sont le tronc de l'arbre, tandis que les produits ou les services sont les branches. Pour qu'une compétence devienne « clé », elle doit contribuer à l'amélioration durable du bénéfice perçu par les clients et être difficilement imitable. La compétence-clé permet à la firme de remplir la mission qu'elle s'est assignée sur son marché de référence. Dans un contexte économique où les entreprises cherchent à externaliser beaucoup de leurs tâches ou activités, les compétences-clés, par essence, ne doivent jamais être sous-traitées. Car une compétence-clé, peu copiable, pourra s'utiliser sur plusieurs produits, services ou activités.

Une compétence-clé peut être de plusieurs ordres : technologique, commerciale, publicitaire, industrielle, etc. La compétence-clé du distributeur Wal-Mart est le réassortiment et la gestion de stocks (grâce à une

---

1. Du latin *ministerium* qui signifie « fonction de serviteur, service, fonction ».

informatique et une logistique de pointe) ; celle de H&M est le renouvellement rapide des modèles à bas prix ; celle de L'Oréal est l'innovation alliée à des investissements publicitaires massifs ; celle d'Armani, la gestion intransigeante de l'image de marque.

Les avantages concurrentiels sont des compétences meilleures que celles des concurrents

Les entreprises performantes et perfectionnées parviennent à transformer leurs compétences-clés en des avantages concurrentiels. Ces derniers sont souvent difficiles à formaliser, mais sont déterminants dans la réussite ou l'échec des sociétés. **Un avantage concurrentiel est une compétence-clé spécifique et meilleure que celle des concurrents.** L'avantage concurrentiel existe quand la compétence-clé répond mieux que les concurrents aux attentes numéro un ou prioritaires des clients. L'avantage provient, par exemple, de prix très bas ou d'une différenciation fondée sur une supériorité produit. Parfois, c'est l'offre totale qui est plus attractive pour les consommateurs que celle des concurrents. Par exemple, le textile chinois est en train de pulvériser son homologue occidental grâce à des coûts laminés. La Poste possède un réseau de distribution unique en France. Volvo maîtrise mieux que ses concurrents la sécurité automobile.

Un des objectifs stratégiques des entreprises est de trouver, entretenir et améliorer en permanence leurs avantages concurrentiels. Cela préserve ou accroît leur part de marché, et facilite leur résistance à la concurrence. L'avantage concurrentiel permet, en principe, d'élever la rentabilité, puisqu'il incite les clients à choisir le produit ou le service de telle entreprise, alors que d'autres concurrents du même marché ont une offre plus ou moins similaire. Par exemple, les avantages concurrentiels du loueur de voitures Hertz sont : une réservation centralisée, une présence internationale, la tranquillité d'esprit pour ses clients et la récompense de la fidélité de ces derniers. Pour Microsoft, le principal avantage repose sur les accords avec les fabricants, supériorité qui se fonde sur une standardisation de ses logiciels, leur compatibilité, l'étendue de la gamme et les services du support. L'avantage concurrentiel de Doublet, une PME commercialisant des drapeaux et de la signalétique pour les grands événements, est sa rapidité de production et son expérience unique de ce type de manifestations.

En résumé, avoir un métier, c'est normal ; avoir des compétences-clés, c'est bien ; avoir un avantage concurrentiel, c'est mieux !

▪ QUE SONT LES VALEURS ET LA CULTURE ?

Pour que les collaborateurs d'une entreprise aient envie d'atteindre, voire de dépasser, les objectifs, il faut leur confier une mission qui constitue pour eux un défi. Mais il faut aussi les faire adhérer à un petit nombre de valeurs. En particulier des valeurs qui dépassent la simple rentabilité financière. Ces valeurs édictent certaines règles éthiques dans la conduite des affaires.

Les valeurs d'une entreprise sont l'ensemble des croyances et des principes qui guident ses actes et ses activités. Les entreprises performantes cherchent à les préserver au fil du temps. Elles reflètent la culture, autre stéréotype du management, et les priorités, parfois morales, de l'entreprise. La culture regroupe les normes, expériences et coutumes qui caractérisent une firme et rassemblent ses employés. Ce sont des symboles rassembleurs (étymologiquement, « symbolique », c'est ce qui rassemble). De même que l'identité d'un peuple vient de ses symboles et de sa religion, l'identité d'une entreprise vient de ses valeurs et de ses symboles. Les valeurs et la culture sont donc ce qui rassemble les collaborateurs.

Très souvent les valeurs de la firme (qu'est-ce qui est important pour elle ?) sont le fondement de sa vision. Notons que l'étymologie de valeur vient du latin *valor*, qui signifie « force ». En effet, les valeurs sont source de force, car elles donnent aux collaborateurs le pouvoir d'agir. Des valeurs clairement définies peuvent faire gagner du temps en cas de crise. Elles sont étroitement liées, à l'origine, à la personnalité du créateur de l'entreprise. Elles sont aussi difficiles à changer, comme la culture, et plus pérennes que l'organisation, les objectifs, les stratégies ou les plans. C'est pourquoi les différences culturelles sont les principales raisons d'échec des fusions et acquisitions. Le plan marketing devra tenir compte de ces valeurs. Par exemple, ne pas transmettre de message trop agressif en publicité, s'interdire de vendre à tel pays, changer la formule d'un produit peu sûr, etc.

Le cadre de référence de l'entreprise

Objet	Contenu
Projet d'entreprise	Les buts (économiques, sociaux, humains et environnementaux) de l'entreprise et de l'entrepreneur.
Mission	La raison d'être de la firme aujourd'hui (quel est notre métier sur quel marché ?).
Vision	Là où l'entreprise veut aller (dans quel business voulons-nous être ?).
Métier	Le savoir-faire (quels besoins l'entreprise satisfait-elle ?).
Compétences-clés	Ce qui améliore durablement le bénéfice perçu par les clients (qu'est-ce qui nous permet d'améliorer le bénéfice consommateur ?).
Avantages concurrentiels	Les compétences-clés distinctives et meilleures que les concurrents (en quoi sommes-nous meilleurs que les autres dans la satisfaction des clients ?).
Valeurs	Ensemble des croyances et des principes qui guident ses actes et ses activités (qu'est-ce qui est important pour nous ?).
Culture	Ensemble des normes, expériences et coutumes qui caractérisent une firme et rassemblent ses employés (qu'est-ce qui nous rassemble ?).

■ QUE SONT LES OBJECTIFS GÉNÉRAUX ET STRATÉGIQUES D'ENTREPRISE ?

Les objectifs généraux (*corporate objectives* en anglais) sont **les finalités générales que la société s'est fixées à plus ou moins long terme.** Parmi eux, en priorité, figurent :

- **la rentabilité,** qui se quantifie par divers indicateurs : niveau de profit en pourcentage du chiffre d'affaires, bénéfice en valeur absolue, retour sur investissements, marges brutes, valorisation du capital, etc ;
- **la position sur le marché,** que l'on calcule en parts de marché, rang (leader ou challenger) ou chiffre d'affaires.

Parfois, les objectifs généraux sont plus qualitatifs : la sécurité, la puissance, l'indépendance, la pérennité du business familial. Bien entendu ces objectifs stratégiques, qui dépassent le cadre du marketing, doivent être hiérarchisés, quantifiés, réalistes, cohérents et précis (mais comme tous les objectifs d'ailleurs). Ils seront intégrés dans le plan stratégique de l'entreprise, qui fixe, lui, les grandes orientations (missions, rentabilité, ressources humaines), les différentes politiques qui touchent toutes les fonctions, et les initiatives majeures qui modifient le périmètre de l'entreprise, comme les acquisitions ou les cessions. Très souvent, dans le plan stratégique, on précisera le domaine d'activité[1] et la stratégie de développement prévue : croissance externe (horizontale, verticale ou oblique[2]), croissance interne, concentration sur le métier de base ou diversification vers d'autres métiers.

---

1. Un secteur d'activité ou une industrie regroupent des entreprises qui partagent des technologies identiques et produisent ou vendent des biens ou services similaires. Le marché est formé de groupes de clients avec des besoins et des problèmes similaires. Définir le marché seulement par les activités, c'est courir le risque de voir sa position concurrentielle renversée par un concurrent extérieur à l'activité. Développer un plan marketing exige non seulement de connaître le domaine d'activité actuel, mais surtout de comprendre le point de vue des clients.

2. Rappelons que l'« intégration verticale » consiste à investir en amont et en aval de son activité : un fabricant de chocolat achète, par exemple, des champs de cacaoyers et des magasins pour vendre ses pralines. On parle d'« intégration oblique » ou de diversification quand une entreprise du bâtiment achète, par exemple, une chaîne de télévision. Enfin, une firme procède à une « intégration horizontale » quand elle achète un concurrent direct appartenant au même marché.

Une fois tous ces fondements (mission, vision, compétences-clés, valeurs, cultures, objectifs généraux et stratégiques) explorés, le responsable du plan marketing intégrera, lors de sa conception du plan, les éléments qui peuvent avoir une influence directe sur la politique marketing de la société. Il pourra, en revanche, s'abstenir de mentionner ceux qui n'ont pas d'impact sur le plan marketing.

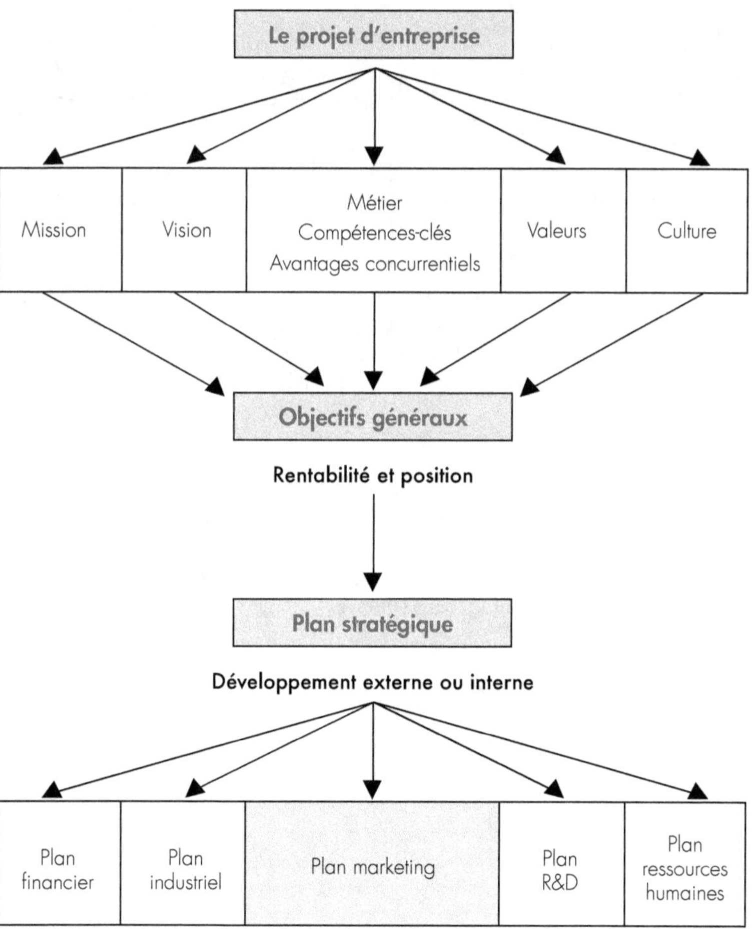

◼ RÉSUMÉ DU CHAPITRE III

Comment tenir compte du projet, de la mission, de la vision et des valeurs ?

◼ Le plan marketing s'inscrit dans un cadre plus général constitué des éléments fondamentaux de l'entreprise sur lesquels il sera bâti.

Le projet d'entreprise, qui est avant tout le projet de l'entrepreneur, énonce quels sont les buts de la firme. La mission est la raison d'être de l'entreprise aujourd'hui : *quel est son métier ? Sur quel marché ? Quels sont ses clients ? Que leur apporte-t-elle ?* La vision, tournée vers le futur, explique où l'entreprise va, et ce qu'elle veut devenir.

Les compétences-clés sont le savoir-faire durable et difficilement copiable de la firme ; elles contribuent à l'amélioration du bénéfice perçu par les clients. L'avantage concurrentiel est une compétence distinctive qui permet de répondre mieux que les concurrents aux attentes premières du marché.

Les valeurs d'une entreprise sont l'ensemble des croyances et des principes qui guident ses actes et ses activités. La culture regroupe les normes, expériences et coutumes qui caractérisent une firme et rassemblent ses employés. Elles permettent de fédérer les collaborateurs et donnent sa force à l'organisation.

Les objectifs généraux fixent la rentabilité et la position sur le marché visées par la firme. Quant au plan stratégique, il spécifie les grandes orientations de l'entreprise, en particulier le type de développement, interne ou externe, qu'elle choisira.

Le responsable du plan doit donc intégrer dans le plan les fondations et les finalités qui influenceront le marketing. ◼

Chapitre IV

Comment faire un diagnostic de la situation ?

*« Le présent n'est pas un passé en puissance,
il est le moment du choix et de l'action. »*
Simone de Beauvoir.

■ QU'EST-CE QU'UN DIAGNOSTIC MARKETING ?

Le diagnostic est à la fois externe et interne

Ce chapitre aurait pu s'intituler ainsi : « Comment analyser l'environnement, le marché, l'état de l'entreprise et la situation marketing ? » En effet, avant de fixer les objectifs et de choisir la stratégie marketing, le responsable du plan va devoir connaître le marché, la position de l'entreprise sur celui-ci et son état de santé ! Le plan marketing se fonde non seulement sur le projet, les missions et les compétences de l'entreprise, mais principalement sur une analyse aussi objective et perspicace que possible du contexte et de l'état de l'entreprise. Faire une telle analyse exige donc de la clairvoyance, c'est-à-dire du talent.

Dans un plan marketing vite et bien, la pertinence des actions choisies dépendra de la qualité du diagnostic marketing. Cette étape d'analyse et de synthèse est donc fondamentale, même si, nous le verrons dans le chapitre VIII traitant de la rédaction du plan marketing, la section « diagnostic » ne constituera pas la partie la plus longue du plan finalisé et rédigé ; nous conseillerons même de rejeter dans des annexes les détails du diagnostic. En fait, dans le document rédigé, n'apparaîtront que les conclusions essentielles et un résumé du diagnostic. C'est frustrant pour celui ou ceux qui vont passer du temps à diagnostiquer l'environnement, le marché et l'état de l'entreprise, mais il est dans l'essence même de notre plan marketing de se concentrer sur le primordial et de se détourner du superflu pour favoriser l'action.

Le responsable marketing ou le dirigeant vont devoir procéder à une analyse externe et interne de la situation, ce que d'aucuns nomment « audit » ou « analyse stratégique », et que nous appellerons dans ce livre « diagnostic marketing vite et bien ». Notons au passage que le mot « diagnostic », utilisé fréquemment en médecine pour identifier une maladie par ses symptômes, provient du grec *diagnosis* qui signifie « connaissance ». Le diagnostic marketing vite et bien est un jugement porté sur une situation d'entreprise dont on cherche à connaître :

- **l'environnement général** (menaces et opportunités) ;
- **le marché** (menaces et opportunités) avec la demande (clients) et l'offre (concurrents) ;
- **l'état de santé marketing** (forces et faiblesses, compétitivité).

▪ COMMENT FAIRE UN DIAGNOSTIC EXTERNE ?

Analyser le contexte dans lequel va se battre l'entreprise, c'est connaître l'environnement général, le marché (l'offre concurrente et la demande), les autres acteurs (fournisseurs, par exemple) et les facteurs d'influence ou de réussite du marché. Rappelons d'entrée que le marché est le lieu où se rencontrent l'offre (concurrents directs ou indirects) et la demande (acheteurs, clients, consommateurs ou utilisateurs, intermédiaires ou finaux).

L'environnement général est multiple

Globalement, pour mener à bien sa mission, l'entreprise doit tenir compte de certains aspects de l'environnement. Bien entendu, dans un plan marketing, on étudie l'environnement seulement si celui-ci a une influence réelle sur le marché ou l'entreprise. Cette analyse circonscrite du contexte général peut porter sur au moins six types d'environnement :

1. **L'environnement démographique** sera étudié d'un point de vue qualitatif ou quantitatif : pyramide des âges, vieillissement de la population, diminution de la taille des ménages, augmentation du taux de divorces, croissance des foyers à une seule personne, augmentation du nombre de familles monoparentales, etc. Par exemple, les biens ou services à destination des retraités se développent très rapidement.

2. L'environnement économique s'applique à presque toutes les firmes, surtout en période de crise ou de stagflation (il s'agira alors de « réduire la voilure ») : croissance du PIB et des revenus, chômage, inflation, pouvoir d'achat, force de l'euro, échanges extérieurs sont quelques-uns des indicateurs-clés. En période de forte inflation, il faudra prévoir des augmentations de prix substantielles. Sachant que, si le pouvoir d'achat stagne ou diminue, les clients potentiels se détourneront vers les biens ou services peu onéreux (marques distributeurs, *hard discount*, promotions).

3. L'environnement réglementaire ou institutionnel (ou politique) : les décrets, les lois, les règlements portant sur les produits (normes de qualité, matériaux interdits, barrière de sécurité pour les piscines, par exemple), la consommation (loi antitabac), la distribution (loi Galland), les prix (les ententes et ventes à perte sont illicites), les rémunérations (SMIC), la fiscalité (déductions pour certaines installations de produits isolants, taux de TVA réduit), les subventions, les aides à l'innovation (*via* OSEO, ex-ANVAR).

4. L'environnement technologique : les brevets tombés dans le domaine public, les retombées fondamentales de la recherche en matière de procédés de fabrication, de nouveau matériaux, de nouvelles molécules, les accords sur des normes standards et, surtout, tout ce qui touche aux nouvelles technologies de l'information et à Internet. Les évolutions technologiques, très rapides dans certains secteurs (la photo, par exemple), peuvent être de graves menaces pour ceux qui, tels des dinosaures, ne s'adaptent pas, mais aussi constituer une réelle aubaine pour les entreprises créatives ou réactives. Le risque, c'est l'obsolescence des produits. La chance, c'est l'innovation. Que de champs libres donc pour les plus astucieux !

5. L'environnement socioculturel, de manière plus diffuse et discrète, mais aussi plus profonde, peut transformer les marchés : les normes et valeurs sociales, la culture, le rôle de la femme, la religion, les mœurs, les goûts, les habitudes. Globalement, sans vouloir entamer un inventaire circonstancié des évolutions socioculturelles, on peut dire qu'il y a quatre tendances-clés qui ont des influences sur les marchés aujourd'hui :

- **le besoin de prendre soin de soi** que l'on observe dans l'augmentation des dépenses de santé, d'aliments plus sains et de tous les produits ou services favorisant le bien-être (cosmétiques, spas, thalassothérapie) ;
- **la quête,** c'est-à-dire l'ouverture à de nouvelles expériences, à de nouveaux goûts : le désir d'apprendre ;

- **le besoin de rester en contact avec les autres**, besoin que l'on pourrait qualifier de « relationnel » ou « connectique », illustré par le succès exponentiel de toutes les technologies de la communication ;
- **le souhait de pouvoir exprimer son style individuel**, qui traduit, pour les uns, l'individualisme ou l'égoïsme, et pour les autres, le besoin d'être respecté en tant qu'individu libre et pensant.

6. L'environnement naturel est sans conteste un des éléments extérieurs dont l'influence croissante est en train de bouleverser nombre de marchés. Et cela ne fait que commencer, car, à juste titre, les préoccupations écologiques sont un des grands enjeux de notre civilisation, fondée jusque-là sur la consommation à outrance. Ces préoccupations sont même devenues une raison d'achat pour beaucoup de clients, et un argument de vente pour maintes firmes.

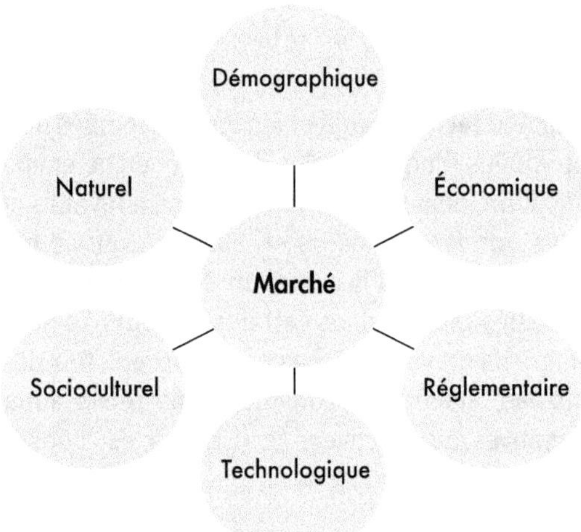

Car les problèmes sont immenses : la pénurie de matières premières (énergétiques, minières ou agricoles), la destruction des ressources naturelles dont le renouvellement n'est plus assuré (forêts, cultures, flore, faune), le coût de l'énergie, la pollution, le traitement des déchets, le problème des emballages, etc. Rappelons aussi, en particulier à ceux qui ne le sauraient pas, que la NRE (loi de nouvelle régulation économique) de 2002 impose aux entreprises cotées d'inclure, dans leur rapport de gestion, des informations traitant d'environnement naturel. Il faudra sans doute avoir des stratégies marketing à long terme qui agissent sur ces thèmes[1]. Les entreprises, à travers les biens ou les services qu'elles fabriquent ou commercialisent, ne vont plus pouvoir s'exonérer de leurs responsabilités écologiques, sociales et éthiques. Car les clients, qui sont aussi des citoyens, finiront par acheter ou consommer seulement des produits qui favorisent un développement durable, social et éthique, au-delà des simples enjeux économiques. Et, grâce à Internet, les consommateurs et les associations disposent d'une formidable arme de pression.

Il est inutile, si certains aspects environnementaux n'influencent en rien le marché ou l'entreprise, d'en faire des « montagnes » ou des « tartines » dans le plan. Une entreprise qui commercialise des casquettes n'a pas besoin d'étudier en profondeur les évolutions démographiques. En revanche, elle doit s'intéresser à un environnement très particulier qui sort *a priori* de son marché, mais qui peut s'avérer décisif pour elle : les événements cinématographiques ou sportifs avec qui elle va passer des accords de licence. Il appartient à chaque entreprise de repérer les environnements spécifiques qui n'entrent pas toujours dans les six types d'environnement que nous venons de décrire.

Pour recueillir les données ou informations sur l'environnement général ou particulier, en l'absence de moyens financiers ou humains importants, le responsable du plan fera appel à sa propre expérience et à celle de ses collaborateurs (les vendeurs, par exemple) ; il pourra aussi utiliser les ressources disponibles gratuites : les statistiques officielles (Insee), les syndicats ou associations professionnels, les CCI, les collectivités locales, les rapports diffusés sur le Net, etc.

Une conclusion partielle sur l'environnement soulignera les éléments-clés et hiérarchisés de l'environnement, extérieurs au marché proprement dit, qui influencent pourtant ce dernier ou les entreprises qui y opèrent.

Conclusions partielles sur l'environnement (exemples)

Contraintes ou menaces	Opportunités
La loi va imposer des normes plus restrictives. L'inflation grimpe fortement.	La TVA va baisser dans la restauration. Les aides pour les économies d'énergie vont augmenter.

---

1. Voir le manque de vision sur les biocarburants.

Le marché est le lieu où se rencontrent l'offre et la demande

Tout en suivant une démarche en entonnoir, c'est-à-dire du général au particulier, et après avoir identifié les facteurs influents de l'environnement, il faut maintenant s'intéresser à l'étude du marché et de ses deux composantes fondamentales : la demande et l'offre. L'offre, c'est ce que les entreprises vendent. La demande, ce sont les clients au sens large : les acheteurs de biens ou services (parfois consommateurs intermédiaires[1]), les utilisateurs des services ou consommateurs du bien (consommateurs finaux), les distributeurs (grossistes ou revendeurs), que ce soit dans les activités *B to C* (entreprise aux particuliers) ou *B to B* (entreprise à entreprise).

Pour bien connaître le marché, l'idéal est de disposer d'études de marché. Hélas, ces études de marché coûtent cher et sont réservées aux entreprises riches ou puissantes qui ont les moyens de les acheter auprès d'instituts ou de consultants spécialisés. Mais, en dehors des études payantes (sous forme de panel, par exemple) ou *ad hoc* (faites à la demande), la connaissance du marché n'est pas fermée pour les PME ou TPE. Là aussi, elles peuvent utiliser les données, faits et informations fournis par l'Insee, les syndicats patronaux, les collectivités, les rapports sur le Net, etc. L'essentiel, pour celui qui conçoit le plan, est de ne pas perdre de vue les buts opérationnels de l'étude du marché : décrire et évaluer le marché, saisir et anticiper les tendances, mais surtout identifier le(s) segment(s) qui seront par la suite ciblés et choisis.

Pour guider l'étude du marché, voici les données minimales ou approximatives qu'il faut collecter :

- **la taille du marché** (même très localement) : *quel est son chiffre d'affaires ? Quel est son volume (en unités pour les biens ou en nombre de transactions ou clients pour les services) ? Quelle est sa croissance ?*
- **les caractéristiques du marché** : *qui sont les clients ? Qui sont les concurrents ? Comment est-il segmenté par client ? Comment est-il structuré par entreprise ? Qui sont les fournisseurs ou distributeurs incontournables ? Quels sont les principaux produits ou services*

---

1. On y ajoute parfois les prescripteurs, ceux qui conseillent l'achat d'un produit à d'autres clients, et les distributeurs, ceux qui revendent les produits.

vendus ? Idéalement, quelles sont les parts de marché (valeur, volume, relative) ?

- **l'état du marché :** *est-il un marché nouveau ? mature ? saturé ? déclinant ?*
- **la rentabilité du marché :** *comment vont les entreprises qui opèrent sur ce marché ? Sont-elles rentables ?*
- **l'intensité concurrentielle du marché :** *est-il très concurrencé ? Y a-t-il une guerre des prix ? Le ticket d'entrée est-il élevé ? La « porte de sortie » est-elle encombrée ?*
- **la distribution :** *quels sont les circuits de distribution accessibles ? Sont-ils coûteux ? exclusifs ? Peut-on vendre en ligne ?*
- **la communication :** *quelles sont les méthodes de communication ? Presse, TV, mail, salons, foires, etc. ? Quels sont les types de promotion utilisés ?*
- **le degré d'innovation :** *quels sont les développements en cours ? Quels types de nouveaux produits ou services sont lancés ? Quelle technologie faut-il maîtriser ?*
- **la législation :** *est-ce que les règlements sont contraignants ? Vont-ils changer ? Quels standards de produits ou services faut-il respecter ? Quels brevets faut-il avoir ?*

Cette liste ne se veut pas exhaustive, mais simplement indicative. Le marketing est une discipline trop complexe pour tout imaginer *a priori*. Ainsi, qui aurait cru, à l'origine, que les ordinateurs tueraient les machines à écrire ? ou qu'Internet révolutionnerait l'industrie musicale ?

La demande a des besoins explicites et implicites

La demande recouvre toute la clientèle au sens large. Ce qui compte, dans un plan marketing, plus encore que la description des clients ou de leur comportement, c'est la compréhension de leurs besoins et de leurs motivations. Le marketing utilise, en effet, la satisfaction des besoins clients comme un levier majeur de croissance et de profit, à condition que cette satisfaction des besoins soit supérieure aux concurrents ! Car, toutes les entreprises cherchent à satisfaire, en principe, les besoins explicites de leurs clients. Attention, les besoins forts et durables sont souvent implicites : les clients n'arrivent pas à les exprimer quand on les interroge sur leurs attentes, soit parce qu'ils n'en ont pas conscience, soit parce qu'ils n'osent pas les avouer. La force de certaines entreprises est justement de faire la différence sur la satisfaction des besoins implicites. Une étude pertinente de la demande passe donc par :

- **l'étude du comportement** des clients au sens large : *qui achète ? Qu'est-ce que les clients achètent ? Combien achètent-ils ? Où ? Quand ? Comment ?*
- **l'étude des besoins et motivations** répond, elle, à la question « pourquoi ? » : *pourquoi achètent-ils ? Quels sont les besoins des clients (ce dont ils manquent) ? Quelles sont leurs motivations (le plaisir qu'ils recherchent) ? Quelles sont les évolutions passées et futures de ces besoins ou motivations ? Quels sont les besoins explicites et surtout implicites ?*
- **les chiffres sur la demande** : *quelle est la demande en valeur et en volume ? Quel est le marché potentiel si les non-acheteurs actuels achetaient ? Quelle est la croissance du marché ?*
- **le processus d'achat** sur ce marché : *y a-t-il des acheteurs intermédiaires ? Qui sont les prescripteurs ou leaders d'opinion sur ce marché ?*
- **la segmentation** du marché (voir ci-dessous) : *quelle est la segmentation du marché ? Quels critères de segmentation peut-on appliquer aux clients (sociodémographiques, socio-styles, comportements, etc.) ?*

Une conclusion partielle sur la demande soulignera les besoins ou motivations fondamentaux à satisfaire, les segments principaux et les menaces et opportunités-clés, sous forme d'un tableau à deux colonnes :

Conclusions partielles sur la demande (exemples)

Menaces	Opportunités
La demande pour nos produits alimentaires gras et sucrés chute.	Les consommateurs recherchent des produits bons pour la santé, comme notre gamme ABC.
La demande pour nos produits haut de gamme baisse.	La demande pour les produits pour les seniors, comme les nôtres, augmente.

L'offre des concurrents a des atouts et des lacunes

L'offre est ici représentée par toutes les entreprises qui proposent des services ou des produits similaires, ou qui peuvent se substituer à ceux de l'entreprise considérée. En principe, il faut distinguer les concurrents directs, les concurrents indirects et les concurrents potentiels (susceptibles d'entrer sur le marché) :

- *qui sont les concurrents directs ? Quelle est leur part de marché ? Quel est leur* mix *marketing ? Quelle est leur taille en comparaison de celle de l'entreprise ?*
- *quels biens ou services fabriquent-ils ou vendent-ils ? Quel est leur prix comparé au nôtre ? Quels sont leurs circuits de distribution ? Ont-ils récemment lancé des nouveaux produits ?*
- *où sont-ils situés ? Opèrent-ils sur le même secteur que nous ?*
- *quelle est leur capacité financière ? À qui appartiennent-ils ? Quelle est leur capacité de réaction (innovation, guerre des prix, promotion) ? Quelle est leur stratégie ? Et, mieux, quel est leur plan ?*
- *qui sont les concurrents indirects ? Qui sont les entrants potentiels sur le marché ?*

La conclusion partielle sur l'offre doit mettre en valeur les atouts et les lacunes des concurrents directs par rapport à l'entreprise considérée :

Conclusions partielles sur l'offre (exemples)

Lacunes par rapport à l'entreprise considérée	Atouts par rapport à l'entreprise considérée
Nos concurrents lancent peu de nouveaux produits. Nos concurrents ont des prix trop élevés.	Nos deux concurrents ont des gammes plus larges. Notre principal concurrent a une meilleure notoriété.

D'autres acteurs pèsent sur le marché

Sur le marché, d'autres acteurs peuvent influencer directement soit la demande, soit l'offre. Parmi ces autres « joueurs » figurent :

- **les fournisseurs** (par exemple, dans l'agroalimentaire, les producteurs de cacao, légumes, café) ;
- **les pouvoirs publics,** non seulement par les lois et règlements, mais aussi par les appels d'offres publics ou les subventions ;
- **les prescripteurs** sont ceux qui conseillent l'achat d'un bien ou service à quelqu'un d'autre (journaliste, médecin, leader d'opinion, plombier, garagiste, etc.) ;
- **les actionnaires ou banques.**

Conclusions partielles sur les autres acteurs (exemples)

Autres acteurs	Principales pressions exercées par les acteurs
Fournisseurs	Un fournisseur monopolistique a doublé le prix de ses matières premières.
Pouvoirs publics	L'État veut surtaxer les moteurs de hors-bord de plus de 300 chevaux, qui représentent la moitié de nos ventes.
Actionnaires	Nos actionnaires nous réclament un taux de rentabilité de 18 % (deux points de plus que l'an dernier).

Le diagnostic externe identifie les menaces et opportunités

La finalité du diagnostic externe est d'identifier les principales menaces ou opportunités du marché. Les menaces, ou problèmes, découlent des atouts des concurrents, de la situation du marché ou de l'environnement. Une menace risque de diminuer la croissance ou la rentabilité (l'interdiction de vendre des confiseries dans les collèges pénalise les producteurs de distributeurs automatiques). Les menaces entraînent une attitude défensive : l'entreprise doit s'en protéger. Une opportunité est un événement extérieur à l'entreprise, qui peut l'aider à augmenter son chiffre d'affaires ou son profit (par exemple, le coût du pétrole favorise les fabricants de piles photovoltaïques ; les déductions d'impôts stimulent les ventes de fenêtre à double vitrage, etc.). Les opportunités découlent des lacunes des concurrents et de la situation du marché ; elles poussent à l'offensive : l'entreprise doit les saisir par des actions qui capitalisent sur ses forces. Pour décrire les menaces et les opportunités dans un plan marketing, il faut rester concis, en une seule phrase qui tire les conclusions du diagnostic externe. Par exemple : *« Le marché a connu une décroissance de 10 % sur les cinq dernières années. »*

Les menaces et les opportunités doivent attirer l'attention, mais ne pas dire ce qui doit être accompli. Elles décrivent une situation, un état (l'environnement actuel du marché, par exemple). Les solutions seront proposées plus tard : « Le marché est concentré à plus de 50 % en juin, juillet et août », c'est énoncer une opportunité ; « communiquer durant l'été », c'est une action. En deux mots, au moment du diagnostic, soyez factuels ! Et, toujours, une synthèse sous forme de tableau.

Conclusions diagnostic externe (exemples)

	Menaces	Opportunités
Demande	Les familles avec enfant se détournent de nos services.	La part des seniors augmente ; et ils demandent des services associés.
Offre	Les produits *low cost* gagnent des parts de marché.	Nos concurrents n'offrent pas de services aux retraités.
Facteurs d'influence[1] de l'environnement	Notre activité est très sensible au pouvoir d'achat.	L'État envisage d'offrir des réductions d'impôts à ceux qui achètent nos services.

■ COMMENT FAIRE UN DIAGNOSTIC INTERNE ?

Le diagnostic interne porte sur l'entreprise elle-même, en particulier sur quatre aspects : les contraintes de son histoire ou de son cadre de référence fondamental actuel, l'état des autres fonctions (production, logistique, R&D, capacités financières ou humaines, rentabilité) et, enfin, ses gammes de produits ou services, ses prix, sa communication et son réseau de distribution. L'audit interne permet de juger l'adéquation de la firme au domaine d'activité, d'identifier les compétences-clés, et les forces et faiblesses par rapport aux concurrents et aux clients. Les sources d'information du diagnostic interne reposent essentiellement sur les données de la société, les études marketing, les panels, les tests, le contrôle de gestion, les comptes de résultat, la force de vente.

L'historique et le cadre de référence créent des contraintes

Quels que soient le domaine d'activité choisi et les conclusions du diagnostic externe, une entreprise existante ne peut, du jour au lendemain, révolutionner ses structures et faire table rase du passé. Le responsable du plan doit tenir compte **des faits marquants de l'histoire de la firme et de son cadre de référence fondamental,** qui pourraient avoir une influence sur l'adaptation de l'entreprise à son marché. Ce

---

1. Tout marché a des facteurs d'influence, qui vont déterminer, pour une large part, la performance des entreprises qui y opèrent : technologie, préoccupations écologiques, pouvoir d'achat, etc. L'entreprise qui maîtrise mieux que les autres ces facteurs d'influence a plus de chances de devenir leader ou performante.

que nous appelons, ici, le « cadre de référence fondamental de l'entreprise » recouvre ce que la firme fait aujourd'hui : les types de clients visés, les besoins satisfaits, le savoir-faire technologique acquis, les zones géographiques d'influence, la structure organisationnelle, le système de valeurs des dirigeants, les moyens financiers, technologiques, humains et commerciaux. Le responsable du plan doit aussi intégrer les ventes et les profits actuels et les objectifs généraux : *quels sont les objectifs à court et long termes et la mission de l'entreprise ? Quel est le budget ? Y a-t-il des valeurs ou des principes qui dictent la façon de réaliser les affaires ?* Les informations suivantes sont suffisamment importantes pour s'y référer en permanence :

- évolution des ventes et des profits par produit ou transaction ;
- analyse des ventes par point de vente ;
- saisonnalité des ventes ;
- ventes par zone géographique ou par entreprise dans le *B to B* ;
- clients : *qui sont-ils ? Où ? Quand ? Comment ? Pourquoi ? Combien ?*

L'analyse de l'historique et, surtout, du cadre de référence actuel doit permettre de dégager une conclusion partielle : *quelles sont les principales contraintes « politiques » de l'entreprise ?*

L'analyse par fonction délimite le champ du possible

Restons modestes ! Le marketing n'est qu'une fonction parmi d'autres au sein de l'entreprise, même si on la considère comme la première. Ainsi, par exemple, le marketing n'influe pas sur les coûts de production ou la rapidité de livraison. Avant d'écrire un plan marketing réaliste, il est bon de connaître les atouts et les lacunes des autres fonctions à travers une analyse fonctionnelle :

- **recherche et développement** : nombre de brevets ou licences, nombre de nouveaux produits lancés, capacité d'innovation ;
- **production, approvisionnement et logistique** : évolution des quantités produites, niveau de stocks, effets d'expérience ;
- **finance** : évolution des grands ratios (excédent brut d'exploitation, trésorerie, fonds de roulement, *cash flow*, chiffre d'affaires, coûts, marges, etc.) ;
- **ressources humaines** : évolution des effectifs, climat social, pyramide des âges, motivation, culture d'entreprise ;
- **commercial** : conditions commerciales, coûts commerciaux, nombre de vendeurs.

L'analyse du *mix* marketing est le cœur du diagnostic

Enfin, il s'agit d'analyser les gammes de produits et services actuels, la politique de prix, de communication et de distribution. Cette analyse objective sera décisive lors de la rédaction du plan. Car, sauf si l'entreprise démarre dans une activité (la start-up, par exemple), le plan et les actions marketing opérationnels de l'année à venir chercheront, avant tout, à capitaliser sur les forces du *mix* et à corriger les faiblesses de ce dernier, dans l'absolu et par rapport aux concurrents.

Le diagnostic interne identifie les forces et les faiblesses

Le diagnostic interne permet de dégager les faiblesses et les forces de l'entreprise, par rapport à son marché, pour respectivement les corriger ou les exploiter. Une force est une aptitude ou une ressource, interne, que l'entreprise peut utiliser pour améliorer sa position concurrentielle ou sa rentabilité (le moteur hybride fait gagner des parts de marché au constructeur automobile qui l'a lancé en premier). Une faiblesse est une lacune ou une déficience qui peut, à l'inverse, affaiblir la position concurrentielle ou la performance financière de l'entreprise (les coûts trop élevés d'un fabricant de textile européen lui font perdre des clients au profit du textile importé de Chine).

L'audit interne cherche à savoir si l'entreprise, à partir de ses forces et faiblesses, de ses avantages concurrentiels, de son portefeuille de biens ou services et de son capital client (capacité à satisfaire et fidéliser la clientèle), maîtrise ou non les facteurs de réussite du marché. Là aussi, dans un plan marketing, il faut rester lucide : toutes les entreprises n'ont pas forcément des compétences supérieures à celles de leurs concurrents, malgré les discours de circonstance qu'elles entretiennent sur ce sujet. Certains s'ingénient même à croire qu'elles en ont, alors que, très souvent, elles ne possèdent pas, dans l'esprit des clients potentiels, de réels avantages concurrentiels. Mais le business continue ! Les firmes sans vrai avantage compétitif doivent identifier les aptitudes marketing les plus fortes et les mieux maîtrisées qu'elles peuvent proposer au marché : la notoriété (même locale), l'image, le réseau de distribution, le service client, la base de clients existants, etc.

Pour dresser une liste des forces et faiblesses majeures, on peut utiliser le questionnement suivant : *quels sont les avantages en matière de satisfaction des besoins ou des motivations des clients ? Quels sont les*

Analyse du *mix* marketing actuel

Élément	Critères	Forces	Faiblesses	Critères	Forces	Faiblesses
Produit	• évolution du nombre de produits ; • nombre de nouveaux produits lancés ; • attributs objectifs et tangibles ; • profondeur de la gamme.			• performances : est-ce que les produits actuels satisfont les besoins des clients ? Sous-entendu, pour plus tard, faut-il les modifier ou en lancer de nouveaux ? ; • emballages, etc.		
Prix	• historique des prix ; • prix de vente et coûts de revient ; • structure des coûts.			• prix par rapport aux concurrents ; • élasticité de la demande au prix.		
Communication et promotion	• positionnement publicitaire des produits ; • positionnement publicitaire des concurrents ; • stratégie publicitaire ; • budget média (GRP) ; • évolution des dépenses publicitaires et promotionnelles ; • évolution des supports utilisés.			• pourcentage du chiffre d'affaires consacré à la publicité ou promotion ; • notoriété et image des produits, des services ou de l'entreprise (comment est-elle perçue sur son marché par rapport aux concurrents ?) ; • notoriété et image des concurrents.		
Distribution	• nombre de points de vente, DN/DV ; • distributeurs par circuit et par zone géographique ; • couverture du marché ; • pénétration du marché.			• part de linéaire (pour les biens) ; • méthode de vente (pour les services) ; • conditions et budgets commerciaux ; • services aux clients.		

avantages en matière de valeur ajoutée apportée aux marchés cibles ? Quels sont nos avantages concurrentiels en termes de produit ou technologie, relatifs aux besoins des clients ? Quels sont les avantages opérationnels qui font que les clients qui entrent en contact avec l'entreprise vivent une meilleure expérience qu'avec les concurrents (surtout dans les services) ? Quels sont les avantages prix que l'entreprise peut offrir aux clients ? Quels sont les avantages publipromotionnels par rapport à la concurrence ?

Ces forces et ces faiblesses seront récapitulées dans un tableau de ce type :

Conclusions diagnostic interne (exemples)

	Forces de l'entreprise	Faiblesses de l'entreprise
Production, *supply chain*	• des coûts de production très bas.	• une logistique qui ne couvre pas l'ensemble du territoire.
Finance	• une rentabilité des capitaux de 19 %.	• un taux d'endettement trop fort.
R&D	• six nouveaux produits lancés par an.	• pas assez de brevets déposés.
Ressources humaines	• facilité à recruter le personnel d'exécution et les vendeurs.	• une proportion de personnel qualifié insuffisante.
Marketing : Produit	• une gamme large ;	• déclin de notre produit leader ;
Prix	• des prix supérieurs à la moyenne du marché ;	
Communication	• une image moderne ;	• une notoriété inférieure à notre principal concurrent ;
Distribution	• des parts de linéaire élevées.	• une DN encore insuffisante.

▦ COMMENT SYNTHÉTISER MENACES, OPPORTUNITÉS, FORCES ET FAIBLESSES ?

En mettant face à face les facteurs-clés de succès du marché et les compétences-clés de l'entreprise, on peut évaluer sa compétitivité, c'est-à-dire sa capacité à résister à la concurrence tout en s'adaptant aux besoins des clients. Rappelons qu'une compétence-clé contribue à améliorer le bénéfice perçu par les clients qui achètent les biens ou services et qu'elle est difficile à imiter. Plus l'entreprise a de compétences qui correspondent aux attentes primaires des clients et qui sont supérieures aux compétences de ses concurrents, plus elle sera compétitive. Cette synthèse globale du diagnostic, qui sera finalement la seule section vraiment intégrée lors de la rédaction du plan, doit être précise, concise et objective. Seuls les éléments et les chiffres cruciaux seront repris. Au minimum, on retrouvera sans doute les faits suivants :

- **l'historique des ventes et des marges** des trois dernières années par région, par groupe de produits, en euros et en unités ;
- **le nombre de clients** par région, par produit, par industrie (pour les services) et le classement des dix ou cinquante premiers clients dans le *B to B* ;
- **les concurrents** : *qui sont-ils pour chaque groupe de produits ou services ? Quelles sont leurs parts de marché par produit, par concurrent ?*

L'analyse « forces-faiblesses-opportunités-menaces » peut se résumer par un tableau de ce type :

Conclusions du diagnostic marketing (exemples)

Forces	Faiblesses
• fait partie d'un grand groupe ; • bonne image ; • bonnes ressources financières ou techniques ; • haut niveau de rentabilité (17 %).	• perçue comme traditionnelle ; • peu de personnel en marketing.
Opportunités	**Menaces**
• la maison mère investit dans un département marketing ; • nouvelle R&D ; • nouveaux produits disponibles ; • ouverture du marché en Russie.	• attaque des produits à bas coûts venus de Chine ; • attaque de produits très innovants venus d'Allemagne.

    ↑ Points positifs   ↑ Points négatifs

Le diagnostic, ainsi condensé, permet de savoir si l'entreprise, avec ses biens ou services, est capable d'accomplir sa mission, d'atteindre ses objectifs et de surmonter ses handicaps. Cette synthèse sera le fondement du plan marketing qui cherchera à saisir les opportunités du marché, à se défendre contre les menaces des concurrents (ou de l'environnement), à exploiter les forces de l'entreprise et à corriger ses faiblesses, si cela est possible, bien sûr. Tout un programme en quelque sorte !

■ COMMENT SEGMENTER ET CIBLER ?

L'objet principal du diagnostic est de déboucher, dans un premier temps, sur une segmentation pertinente du marché, afin de réaliser, dans une étape ultérieure, le ciblage de un ou plusieurs de ces segments, selon les compétences et les ressources de l'entreprise.

La segmentation est une des clés de voûte du plan marketing

La segmentation est l'aboutissement le plus utile du diagnostic marketing vite et bien. C'est aussi l'un des piliers du plan marketing dans son ensemble. Le mot segment vient de *segmentum*, qui signifie « encoche » ou « entaille », du latin *secare*, qui veut dire « couper ».

> **Segmenter, c'est donc découper le marché en groupes de consommateurs ayant des besoins similaires et recherchant des biens ou services similaires.**

Attention, nous parlons bien, ici, de segmentation selon les besoins ou motivations des clients, et non de segmentation selon les entreprises qui vendent des produits similaires, qu'on appelle « segmentation fabricant ou produit » et qui, finalement, a assez peu d'intérêt opératoire : par exemple, le segment des grosses voitures, des 4 x 4, des monospaces, des hybrides, etc. Une segmentation pertinente est, bien sûr, fondée sur les attentes des clients. Car, sur un marché, les clients qui ont des attentes différentes vont rechercher et acheter des produits ou services ayant des caractéristiques différentes et satisfaisant chacun des besoins spécifiques : par exemple, le segment des consommateurs qui cherchent à lutter contre les caries, ceux qui cherchent à avoir des dents blanches, ceux qui veulent éliminer la plaque dentaire, etc.

Nous parlons toujours des besoins explicites ou implicites, la performance marketing se faisant, ici, sur la connaissance (le diagnostic au sens étymologique du terme) de l'implicite, du masqué, de l'inconscient ou du sous-jacent, qui ne demandent qu'à être satisfaits (par le produit ou le service) ou révélés (par les autres, la mode, les médias, les leaders d'opinion ou la publicité).

Bien entendu, la segmentation sera différente selon que l'on opère sur des marchés de biens ou services de grande consommation, où l'on peut compter plusieurs millions de clients, ou sur des marchés de biens ou services industriels, où l'on peut vendre seulement à quelques dizaines d'entreprises, voire à une poignée. Le diagnostic externe permet de segmenter le marché en groupes de clients homogènes ayant les mêmes besoins, et d'identifier les menaces et opportunités sur chacun des segments. Le diagnostic interne permet de choisir, parmi ces segments, ceux sur lesquels l'entreprise a le plus d'atouts, et d'éliminer ceux sur lesquels elle a trop de faiblesses ou manque d'avantages.

La segmentation dépend de critères mesurables et exploitables

Ce travail de segmentation est essentiel pour le ciblage ultérieur des clients au moment du choix des stratégies marketing (voir le chapitre V). Un segment ne doit être ni trop étroit ni trop large. Il doit être spécifique, quantifiable, significatif, accessible et exploitable. De plus, toute segmentation est en constante évolution, en fonction des changements de la demande (les clients se découvrent de nouveaux besoins) et de l'offre (les nouveaux produits ou services font émerger des besoins latents).

Le choix des critères de segmentation est décisif dans l'identification des segments. Il peut arriver que des entreprises concurrentes n'aient pas la même segmentation, et donc ne partagent pas la même vision de leur marché, parce qu'elles utilisent des critères différents de segmentation. Bien entendu, quelle que soit l'activité, on peut réaliser une segmentation multicritère.

Par exemple, un fabricant de jouets aura intérêt à segmenter le marché en fonction de l'âge ; un fabricant de produits pour animaux, en fonction de la relation affective entre le maître et son animal ; un fabricant de voitures, en fonction des revenus et de la situation familiale ; un restaurateur, en fonction des revenus et des goûts alimentaires.

Principaux critères de segmentation

B to C	B to B
• **sociodémographiques** : âge, sexe, situation familiale, lieu d'habitation (ville, campagne), type d'habitation (maison, appartement), niveau d'études, catégories socioprofessionnelles ; • **comportementaux** à l'égard des produits ou services : usage des biens ou services (on divise la clientèle en trois groupes : les petits, les moyens et les gros acheteurs en fonction des quantités que les clients achètent ; c'est une segmentation PMG = petits, moyens, gros), mode de consommation ; • **psychologiques** (styles de vie) ou de personnalité ; • liés **au statut des clients** : nouveaux ou anciens ; • liés aux **attributs du produit** (par exemple les clients qui recherchent des crèmes qui hydratent ou des crèmes qui rendent la peau mate) ou critères particuliers (par exemple, dentifrices anticaries, dents blanches, antiplaques, etc.).	• les nomenclatures professionnelles ; • les secteurs d'activité ; • la taille des clients en valeur ou volume ; • le nombre d'employés chez les clients ; • le taux d'utilisation par les clients (PMG) ; • l'utilisation ou l'application des biens ou services ; • les secteurs : public ou privé ; • la structure organisationnelle du client ; • le statut des clients : nouveaux ou anciens ; • la localisation géographique ; • la taille des commandes ; • la fréquence des commandes ; • le profil des décideurs.

La description précise des segments facilitera le ciblage

Idéalement, chaque segment devrait être chiffré en volume, valeur et poids sur le marché total (part de marché du segment). Pour chaque segment, on essaiera d'obtenir les données suivantes, qui ne sont, hélas, pas toujours facile à recueillir :

• **la demande** en valeur et volume (unités ou nombre de « clients ») ;
• **la croissance** ;
• **les parts de marché** (valeur, volume et relatives) par rapport au marché total ;
• **l'élasticité** de la demande au prix ou à la communication ;
• **les prix de vente et les marges** des produits ou services adaptés à ce segment ;
• **les coûts d'accès** (par exemple, les coûts pour distribuer les produits aux clients à forts revenus) ;

- **le nombre d'acheteurs** potentiels ;
- **la rentabilité** attribuée au segment ;
- **les facteurs-clés de succès** sur ce segment ;
- **les concurrents** : leurs parts de marché (valeur, volume, relative), leurs caractéristiques, leur maîtrise des facteurs-clés de réussite, leurs positions concurrentielles, idéalement leur plan !

En clair, il faudrait réaliser une étude de marché complète, mais sur un segment !

Le ciblage se fait à partir des avantages concurrentiels

Le diagnostic externe décrit les segments, le diagnostic interne aide à les cibler. Le choix du (des) segment(s) que visera l'entreprise se fera en fonction de ses avantages concurrentiels ou de ses compétences-clés. Ce choix découle donc de la compétitivité de l'entreprise, c'est-à-dire de sa capacité à mieux vendre les produits ou services que les concurrents. L'entreprise étudiera pour chaque segment la notoriété, l'image, la performance, le taux d'essai (qui mesure la pénétration), le taux de rachat (qui mesure la fidélité[1]) de tous ses produits. Elle choisira, ainsi, le produit le plus adapté à un segment donné, développera un nouveau produit, ou changera de segment.

Dans un diagnostic marketing, on ne peut prétendre à l'exhaustivité des informations. Néanmoins, certaines données sont plus indispensables que d'autres. Bien sûr, le nombre et le détail des informations varient selon la longueur du plan marketing et les moyens humains, financiers ou temps disponibles. Mais, dans tous les cas, doivent figurer une description, même non quantifiée, des segments (types de clients et leurs besoins) sur lesquels l'entreprise va opérer et une idée des parts de marché des concurrents.

---

1. Voir glossaire à la fin du livre.

Ce qui rend un segment attractif

Les facteurs d'influence du marché

- la taille ;
- la croissance ;
- le marché n'est pas mature ou saturé ;
- les tendances sont connues ;
- peu d'élasticité au prix (pour éviter la guerre des prix et des marges) ;
- le pouvoir de négociation des distributeurs est faible.

Les facteurs financiers et techniques

- les barrières d'entrée sont élevées ;
- les portes de sortie sont faciles à prendre ;
- le poids des fournisseurs est faible ;
- le niveau de technologie requis est bas ;
- les investissements requis sont bas ;
- les marges sont élevées.

Les facteurs concurrentiels

- l'intensité concurrentielle est faible ;
- la concurrence est stable ;
- la menace de substitution est faible ;
- le degré de différenciation est élevé.

L'environnement général

- l'exposition aux fluctuations économiques est faible ;
- l'exposition aux règlements ou lois est faible ;
- l'acceptabilité sociétale est élevée ;
- l'impact sur l'environnement naturel est faible.

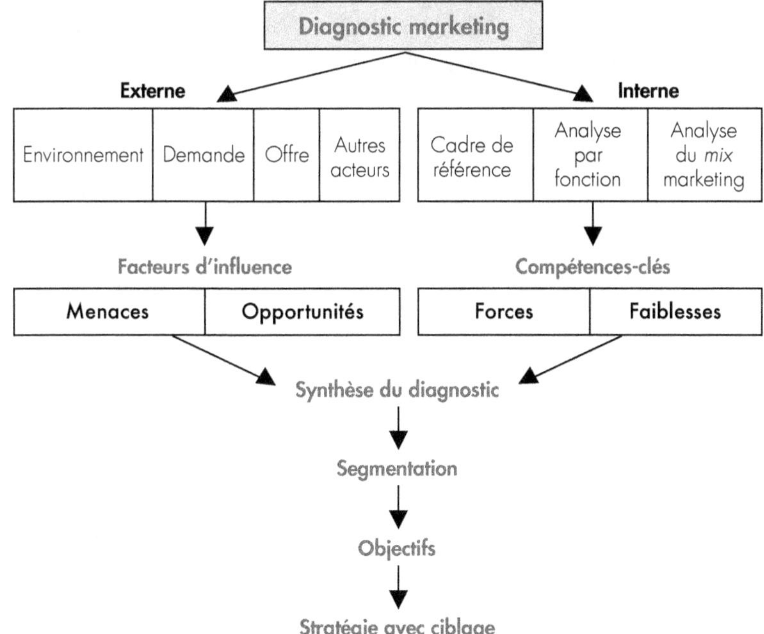

▉ RÉSUMÉ DU CHAPITRE IV

——————— Comment faire un diagnostic de la situation ? ———————

▉ Le « diagnostic marketing vite et bien » cherche à connaître la situation de l'entreprise sur son marché et son état de santé. Il identifie les menaces et opportunités de l'environnement et du marché, et les forces et faiblesses de l'entreprise par rapport à ses concurrents et à la demande.

Le diagnostic interne étudie l'environnement démographique, économique, réglementaire, technologique et naturel, voire particulier. Il analyse le marché pour l'évaluer, anticiper les tendances et identifier les segments. Pour cela, il examine les besoins explicites et implicites des clients, les avantages et les lacunes des concurrents et l'emprise des autres acteurs (fournisseurs ou distributeurs).

Le diagnostic interne, à partir du domaine d'activité de l'entreprise, incorpore les contraintes qui naissent de l'histoire et du cadre fondamental de référence de l'entreprise, et évalue ses performances par fonction (production, R&D, commercial, finances, etc.). Il ausculte les forces et faiblesses de la politique de produit, prix, communication et distribution.

La finalité opérationnelle du diagnostic est de segmenter le marché, c'est-à-dire de le découper en groupes de clients qui ont des besoins similaires et qui cherchent donc des produits différents. Cette segmentation mesurable, spécifique et exploitable permettra de choisir les segments les plus attractifs pour l'entreprise, c'est-à-dire de les cibler en fonction des opportunités du segment, des avantages concurrentiels et des ressources de l'entreprise. ▉

Chapitre V

Comment fixer les objectifs et choisir la stratégie marketing ?

« Ce qu'on appelle stratégie [...] consiste essentiellement à passer les rivières sur des ponts et à franchir les montagnes par les cols. »
Anatole France.

Après avoir analysé le marché et en avoir tiré les conclusions-clés sur les menaces et les opportunités de l'environnement, sur les forces et les faiblesses internes de l'entreprise, sur la segmentation et le ciblage, il faut, maintenant, fixer les objectifs et les stratégies.

■ QUE SONT LES OBJECTIFS ET COMMENT LES DÉFINIR ?

Les buts visés et chiffrés se fondent sur les faits

Les objectifs sont les buts à atteindre. Ils correspondent à des résultats visés ou nécessaires, et chiffrés. Ils pourront se décomposer en sous-objectifs. Ils doivent être fixés, bien sûr, en tenant compte des objectifs généraux de l'entreprise. Une fois hiérarchisés, les objectifs serviront à la fois de guide de motivation et d'instruments de contrôle et d'évaluation.

À nos yeux, et par expérience, la fixation des objectifs est l'enjeu numéro un du plan marketing. C'est aussi le moment le plus ardu, voire le plus angoissant, pour le responsable marketing et le directeur général. Il en ira de même pour les options stratégiques qui suivront immédiatement les objectifs. Car, maintenant que l'on a la connaissance du marché, il faut décider, sur la base du jugement et de la clairvoyance, quel produit (ou service) sera vendu sur quel segment de marché. Tout ce qui suivra dans le plan découlera directement des objectifs marketing : la stratégie, le niveau d'investissement en moyens publipromotionnels, la politique de prix, le choix des circuits de distribution et, surtout, le type de produits ou services commercialisés.

Bien entendu, les objectifs sont des prévisions que fait le responsable marketing, mais ce sont plus que de simples prédictions, dans le sens où leur non-atteinte peut mettre la société en grande difficulté. Pour prévoir, le responsable du plan marketing devra donc s'appuyer sur des bases solides. Il faut encore insister sur ce point : les objectifs marketing chiffrés sont la pierre angulaire du plan. Ils devront se fonder non pas sur le « nez » ou le « pifomètre », mais, dans l'idéal, sur des faits et chiffres qui proviennent du marché (panels ou sondages, par exemple), des statistiques internes (historique des ventes) ou de facteurs contraignants (production limitée dans les usines).

Il existe cinq grands types d'objectifs marketing

Une entreprise aura toujours plusieurs objectifs qu'elle cherchera à atteindre en parallèle, tout au long de la durée de l'exercice. Eh oui, la vraie difficulté dans la gestion d'une entreprise, c'est qu'on court en permanence plusieurs lièvres à la fois. Encore faut-il d'abord les lever !

L'horizon de planification des objectifs marketing varie selon le type d'activité de l'entreprise. Le court terme ne dépasse pas un an. Le long terme dépasse les trois ou cinq ans. Nous conseillons, quoi qu'il arrive, d'avoir des objectifs pour l'année à venir dans le plan. Car les objectifs long terme s'enracinent plus dans la vision et le plan stratégique de la firme que dans les tactiques opérationnelles des mois à venir.

La nature et le choix des objectifs varient aussi selon chaque entreprise. Certaines sociétés insisteront plus sur les aspects financiers, d'autres sur le chiffre d'affaires, d'autres sur les parts de marché, d'autres encore sur le retour sur investissement, d'autres, enfin, sur des aspects plus qualitatifs que nous allons détailler ci-dessous. Néanmoins, quelle que soit sa taille, on ne voit pas comment une entreprise sainement gérée pourrait se passer d'un des cinq grands objectifs suivants :

- **objectifs de chiffres d'affaires ou de ventes** ;
- **objectifs financiers ou de rentabilité** (et de budget à ne pas dépasser) ;
- **objectifs de parts de marché** ;

- **objectifs de croissance ;**
- **objectifs qualitatifs,** comme l'image, la notoriété, la satisfaction des clients, l'innovation, etc.

Chaque objectif choisi, dans une de ces cinq catégories, pourra se hiérarchiser entre objectifs primaires et secondaires.

Les objectifs de vente

Il y a deux façons de calculer les objectifs de vente. En priorité, il faut les fixer **en valeur,** c'est-à-dire, en principe, en euros : « *Atteindre 7,5 millions d'euros de chiffre d'affaires, l'année prochaine, à Lille.* » Ensuite, ils peuvent être définis **en volume** (kilos, tonnes, litres ou unités : « *vendre 12 000 tonnes, l'année prochaine, en France* ») ou en nombre de clients (pour les services par exemple : « *vendre à 250 000 clients l'année prochaine à Paris* ») ou de transactions. Nous recommandons de calculer les chiffres d'affaires en net, c'est-à-dire ce qui est effectivement reçu des clients ou entre dans la caisse. Le chiffre d'affaires net se calcule en partant du brut (à partir du tarif de base affiché) auquel on soustrait les remises, promotions ou ristournes. Le chiffre d'affaires net est aussi égal aux ventes en volume en unités, multipliées par le prix net à l'unité :

Chiffre d'affaires net = (vente à l'unité) × (prix net à l'unité)

Les objectifs de vente peuvent être décomposés par produit, par point de vente ou par client (dans le *business to business* surtout). Si l'on veut expliciter les prévisions, on répartira les prévisions mois par mois, sous forme des deux tableaux simples suivants :

Objectifs de vente annuels

Produit	Ventes en valeur	Ventes en unités	% des ventes en valeur	% croissance annuelle en valeur
A	600 000	700	60 %	+ 5,5 %
B	300 000	200	30 %	+ 2 %
C	100 000	150	10 %	+ 6 %
Total	1 000 000	1 000	100 %	+ 4,5 %

Objectifs de vente mensuels

Produit	Janvier		Février		Mars	
	€	unités	€	unités	€	unités
A	50 000	58	52 000	60	49 000	57
B	20 000	13	20 500	13	21 000	14
C	9 000	13	9 500	14	10 000	14
Total	79 000	84	82 000	87	80 000	85

Pour fixer ces objectifs, le responsable marketing s'appuiera sur les bases suivantes, qui sont, hélas, plus ou moins disponibles et fiables :

- **la taille du marché actuel** (national, régional, local, ville, etc.) ;
- **la taille du marché prévue** l'année suivante (sa croissance) ;
- **le potentiel des ventes** (par le nombre de non-acheteurs) ;
- **les tendances du marché** ;
- **les capacités de production actuelles** ;
- **les dépenses possibles de marketing.**

Il s'agit d'être aussi objectif que possible pour fixer ces objectifs ! Plusieurs obstacles peuvent nuire à la validité ou solidité des objectifs : *les données du marché existent-elles ? Sont-elles fiables et mesurables ? Les chiffres de prévisions sont-ils réalistes et pertinents ?*

Les objectifs de rentabilité

In fine, le bas de ligne, c'est ce qui compte ! Telle pourrait être la devise, un peu triviale, d'un chef d'entreprise. Nous disons bien triviale, car l'humain et l'éthique devraient aussi être au cœur des projets d'entreprise. Mais, soyons réalistes, d'un point de vue comptable, le profit est le but ultime de toute organisation à but lucratif !

Tout objectif de rentabilité n'est que le résultat d'autres objectifs. Les prévisions de bénéfice doivent, par exemple, tenir compte de la politique de prix d'un côté (augmentation des tarifs à l'unité) et des coûts de production d'un autre côté (diminution par les effets d'échelle ou par un gel des salaires). Là aussi, comme pour les objectifs de vente, ceux concernant la rentabilité doivent idéalement être détaillés par produit et peuvent se quantifier avec divers indicateurs :

- bénéfice opérationnel en valeur absolue ;

- bénéfice opérationnel en pourcentage du chiffre d'affaires ;
- retour sur investissement des capitaux investis[1] ;
- rentabilité et valeurs de l'action (bénéfice par action) ;
- *payback*[2] ;
- marges brutes ou nettes ;
- contributions marketing en valeur absolue ou en pourcentage du chiffre d'affaires.

Voici quelques objectifs financiers : « *dégager une contribution produit de deux millions d'euros l'année prochaine* », « *dégager une contribution produit de 20 % du chiffre d'affaires l'année prochaine* », « *dégager un taux de retour sur investissement de 15 % l'année prochaine* ».

Il faut, ici, clarifier le jargon financier, parfois peu orthodoxe, utilisé par les hommes et les femmes de marketing, qui prennent des libertés avec la rigueur comptable ou financière. Ce jargon varie selon les entreprises. Mais, au-delà de la sémantique, il s'agit de comprendre l'esprit qui se cache derrière les mots. Tout d'abord, en marketing, les entreprises nomment souvent *P&L* (*Profit and Loss*) leurs comptes de résultat prévisionnel. À partir des ventes nettes, on retire les coûts de production et logistique, et on aboutit à la marge marketing. De la marge marketing, on retire les dépenses (ou investissements pour les positifs !) de marketing : créations publicitaires, médias, promotions, PLV, merchandising, etc. On obtient donc la contribution financière marketing, appelée « contribution[3] marketing brute ». De cette contribution, on ôte les frais généraux imputables : coûts commerciaux, salaires des équipes marketing et des forces de vente, autres salaires répartis par des clés propres à chaque société et provenant du R&D, personnel, direction générale. Et on obtient la contribution nette qu'on pourrait baptiser le « résultat marketing ». Certaines firmes s'arrêtent à la contribution marketing pour évaluer les performances des plans marketing. D'autres, au contraire, descendent encore plus bas que les coûts imputables, et affectent aussi tous les autres frais généraux de l'entreprise : dans ce cas, le profit marketing correspond presque au bénéfice avant impôts.

---

1. La rentabilité des capitaux investis est le rapport entre la somme des *cash flows* nets actualisés, sur la période donnée, et le montant des investissements initiaux ; c'est donc un pourcentage.
2. Le *payback* est le temps qu'il faut pour rembourser les investissements initiaux ; c'est donc une durée en mois ou années.
3. Abrégé de « contribution aux frais fixes et au profit ».

Objectifs de rentabilité annuels, sous forme de *P&L*

Ventes nettes	200 000
Ventes en volume (unités)	1 000
% de croissance	4 %
Coûts de production	100 000
Marge en euros	100 000
Marge en % du CA net	50 %
Coûts directs marketing	60 000
Coûts marketing en %	30 %
Contribution marketing	40 000
Contribution marketing en % du CA net	20 %
Frais généraux imputables	20 000
Profit marketing	20 000
Profit marketing en %	10 %

Ce travail de fixation des objectifs financiers se fait avec les contrôleurs de gestion. Les objectifs marketing et financiers sont, ici, très proches. Car le but de tout chef d'entreprise est, finalement, assez simple : il veut gagner chaque année un peu plus d'argent, pour couvrir des coûts en hausse, réinvestir dans l'entreprise ou se verser une rémunération plus élevée (dividendes, honoraires ou salaires, selon la structure juridique) ; afin d'y parvenir, il cherche à diminuer les coûts, vendre plus de produits ou augmenter leurs prix (souvent les trois à la fois).

Les objectifs financiers, à l'image des objectifs de vente, se construisent sur les données internes (évolution des dépenses, des profits, des bilans) et externes (rentabilité financière du marché et des concurrents). Enfin, il faut signaler que de plus en plus de sociétés essaient fréquemment de trouver des sources alternatives de bénéfices. Par exemple, en facturant des services supplémentaires (la livraison, la pose, la rapidité de service, les cartes de fidélité, etc.). Nous préconisons de bien isoler, avant de les intégrer dans le bilan général, ces revenus additionnels.

Les objectifs de part de marché

Il faut le reconnaître, alors que la problématique de la part de marché devrait concerner toutes les entreprises, quelle que soit leur taille, seules les plus grosses fixent vraiment des objectifs de part de marché. Non pas que les PME ou les TPE n'aient pas conscience de l'intérêt majeur que représentent leurs positions relatives par rapport à leurs concurrents, mais, tout simplement, parce qu'elles n'ont pas les moyens techniques ou budgétaires de bien connaître la taille du marché ou du segment sur lequel elles opèrent, et les parts de marché des autres ou la leur. Comment une entreprise de jardinerie, située à Montpellier, pourrait-elle connaître sa part de marché, dans sa zone de chalandise très localisée, dans l'Hérault ? Les études de marché et leurs corollaires, les fameuses parts de marché, sont parfois impossibles à obtenir, souvent très difficiles à évaluer et toujours très coûteuses à recueillir ou à acheter, quand elles sont précises et fiables. Les instituts d'études spécialisés, aujourd'hui très concentrés, font payer très cher leurs services. Si bien que les données sur les parts de marché sont réservées aux entreprises les plus puissantes ou les plus riches ; elles demeurent donc inaccessibles aux TPE, voire aux PME. Et nous ne parlons pas seulement des parts de marché nationales, mais, surtout, des parts de marché régionales ou purement locales (un département, une ville, un quartier). Nous ne pouvons qu'inciter les patrons à « fouiller » – c'est le mot qui convient – dans leurs syndicats de fabricants, leurs associations professionnelles, leurs chambres des métiers, les CCI, l'Insee (et ses antennes régionales), les ministères appropriés (le Trésor public aussi !), les collectivités territoriales et, bien sûr, Internet. Sur ce dernier, on trouve tout, paraît-il, à condition de savoir chercher ! Par exemple, les rapports de stage, les articles de recherche académiques, voire les mémoires et thèses de doctorat en ligne, peuvent se révéler de vraies mines d'or. Pour calculer les parts de marché de l'entreprise, par produit ou par activité, il faut, au préalable : définir son marché, voire son segment ; définir la taille du marché et sa croissance prévue pour l'année à venir ; prévoir le potentiel de vente ; fixer les objectifs de vente.

Les parts de marché peuvent se déterminer en valeur (en euros), en volume (unités) ou en part de marché relative :

- **part de marché valeur** (ventes en valeur/taille du marché en valeur) ;
- **part de marché volume** (ventes en volume/taille du marché en volume[1]) ;

---

1. Quand une entreprise a une part de marché valeur supérieure à sa part de marché volume, cela signifie qu'elle pratique des prix supérieurs à la moyenne des prix du marché. BMW, en France, a une part de marché valeur supérieure à sa part de marché volume.

- **part de marché relative** (part de marché/part de marché du leader ou du concurrent principal).

Les parts de part de marché et leur évolution témoignent de la compétitivité de l'entreprise, dans son marché, par rapport à ses concurrents. Croître de 6 % dans un marché qui grimpe de 12 %, c'est un mauvais résultat qui se lit dans la baisse de part de marché. Au contraire, réaliser une croissance de 1 % dans un marché en déclin de 5 % fait gagner de la part de marché, et constitue, sans doute, une très bonne performance en relatif. La « part du gâteau » et l'évolution de celle-ci sont la conséquence du niveau des ventes et donc du plan marketing. La part de marché permet aussi de se situer parmi les concurrents et d'établir des classements, dont sont friands les vrais compétiteurs.

Objectifs de part de marché

	Euros	Unités	Part de marché en valeur	Part de marché en volume
Marché	1 000 000	10 000	100 %	100 %
Produit A	150 000	1 200	15 %	12 %
Produit B	50 000	600	5 %	6 %
Total entreprise	200 000	1 800	20 %	18 %
Part de marché du leader			40 %	45 %
Part de marché relative			50 %	40 %

L'entreprise décrite dans le tableau ci-dessus peut, par exemple, se fixer comme objectif : « *accroître la part de marché valeur de 19 % à 20 %, l'an prochain, en France* » ou « *accroître la part de marché volume de 17 % à 18 %, l'an prochain, en France* ».

Les objectifs de croissance

Très peu d'entreprises peuvent survivre sans faire de croissance. La plupart des firmes, au contraire, cherchent à conquérir de nouveaux clients avec de nouveaux produits ou services, ou à accroître la consommation de leurs clients existants. Le plan marketing joue un rôle critique dans la quête de développement : il fixe les objectifs de croissance. De ces objectifs découleront les stratégies de croissance : « *augmenter le CA en valeur de 6 % l'année prochaine en France* » ou « *augmenter le profit en valeur absolue de 7 % l'an prochain en France* ». Les objectifs de croissance sont étroitement liés aux objectifs de part de marché. Les deux, ensemble, permettent aussi, à plus long terme, de définir quelle position est visée par l'entreprise : leader, challenger, niche.

Les objectifs qualitatifs

Les objectifs non chiffrables, mais qui devront néanmoins être mesurables, sont très variés, selon le type d'entreprise. Les principaux sont les suivants :

- **l'image** : c'est l'ensemble des représentations psychologiques, positives ou négatives, attachées à un produit ou un service ; c'est ce que les clients perçoivent du produit, du service, de la marque, de l'entreprise ou du dirigeant (dans les cas des entreprises individuelles). Elle peut ne pas correspondre à la réalité. En marketing, l'image perçue compte plus que l'image souhaitée ;
- **la notoriété** : c'est la présence dans l'esprit des clients d'une marque ou d'une entreprise. Elle se calcule par le pourcentage (taux de notoriété) de personnes, dans un marché donné, qui connaissent, par exemple, une marque ;
- **la satisfaction des clients** : elle se mesure par les enquêtes périodiques menées dans les activités de services ;
- **la fidélité** : elle s'évalue par les quantités achetées ou les dépenses par client actuel ; c'est aussi le pourcentage (taux de nourriture ou de fidélité) des achats d'un produit, réalisés par un client dans l'ensemble des achats ou services de même catégorie, faits par ce client ;
- **la pénétration** : elle se juge au nombre de nouveaux clients ; le taux de pénétration est le pourcentage de personnes, dans un marché donné, qui achètent le produit ou utilisent le service ;
- **la sécurité** : elle assure la survie de l'entreprise et sa transmission aux descendants, objectif très fréquent dans les petites entreprises, évalué par le taux d'endettement, par exemple ;
- **le développement d'avantages concurrentiels** porteurs et durables ;
- **l'innovation,** qui se mesure par le nombre de produits nouveaux lancés et leur poids dans le chiffre d'affaires de l'année ;

- le prestige ;
- la satisfaction sociale et environnementale[1].

Caractéristiques des objectifs : être SMAC !

Quels que soient les objectifs fixés, ceux-ci doivent être au moins chiffrés, hiérarchisés, datés et réalistes. Pour savoir si les objectifs sont pertinents, nous conseillons de les passer, un à un, au filtre **SMAC** :

1. **Spécifiques et datés** : ils sont clairement définis, avec une date de début et une date de fin, où ils seront comparés aux résultats réels. La clarté des objectifs permettra la mobilisation de tous les collaborateurs, autour de missions bien identifiées.

2. **Mesurables** : ils sont quantifiés ou chiffrés ; s'ils sont qualitatifs, le responsable a prévu un moyen de les mesurer : un baromètre image, une enquête de satisfaction, un panel pour la pénétration ou la fidélisation, etc.

3. **Accessibles** : c'est souvent là que le bât blesse, car les objectifs nécessitent de trouver un savant équilibre entre le réalisme (il en va de la survie de l'entreprise si les buts ne sont jamais atteints) et le défi (les objectifs doivent être stimulants). Attention, l'expérience montre, néanmoins, que les responsables marketing ont souvent tendance à surestimer les objectifs (c'est le contraire pour les commerciaux payés aux bonus). Il appartient donc au directeur général de bien évaluer la part de stimulation et l'accessibilité. Le défi ne peut être relevé que s'il reste atteignable.

4. **Cohérents et hiérarchisés** : cohérents entre eux, cohérents avec les objectifs généraux de l'entreprise, cohérents avec les autres plans (contre-exemple : fixer des objectifs de croissance forte des volumes alors que les capacités de production sont limitées), cohérents avec les budgets et les moyens de l'entreprise (ne pas fixer des objectifs de conquête ambitieux de nouveaux clients si on n'a pas les moyens d'investir ou de recruter des commerciaux). La cohérence sera consolidée par une discussion étroite des objectifs avec les autres fonctions de l'entreprise. La hiérarchisation des objectifs est indispensable, au cas où l'entreprise devrait faire des choix et abandonner certains objectifs secondaires.

---

1. Développement durable, citoyenneté et gouvernement d'entreprise ; vis-à-vis du personnel, des citoyens, de la planète, des lieux de localisation, des principes moraux, etc.

De la qualité des objectifs dépendra la qualité de l'évaluation qui sera faite de l'année écoulée, évaluation qui permettra de fixer plus sereinement et plus pertinemment les objectifs de l'année suivante. Une fois ce travail de fixation des objectifs réalisé, on peut alors passer à l'étape suivante : le choix des stratégies pour les atteindre.

▪ QU'EST-CE QUE LA STRATÉGIE ET COMMENT LA CHOISIR ?

La stratégie diffère des objectifs. Alors que ces derniers constituent des résultats à atteindre, spécifiques, mesurables, accessibles et cohérents, les stratégies marketing sont **descriptives**. Elles décrivent les décisions et les choix essentiels portant sur les cibles visées, les approches du marché décidées et le positionnement souhaité.

La stratégie marketing décrit les moyens généraux permettant d'atteindre les objectifs

La stratégie est l'exposé de la manière dont seront atteints les objectifs marketing de l'entreprise (d'une marque ou d'un produit). La stratégie marketing énonce des décisions et une direction concernant les éléments suivants :

- **la cible visée** : dans l'espace (mondial, national, régional ou local) et dans le temps (si saisonnalités des marchés), à partir de la segmentation du marché ;
- **les grands axes de développement ou d'approche du marché** : concentration ou diversification ; innovation ou intensification ; fidélisation, pénétration ou élargissement de la clientèle ;
- **le positionnement[1] stratégique** (de l'entreprise, de la marque ou du produit), défini par rapport à la cible, aux concurrents, aux avantages-clés du produit ou du service, et les bénéfices que l'entreprise va apporter aux consommateurs ou aux utilisateurs.

La stratégie marketing fait, normalement, partie intégrante de la stratégie d'entreprise, qui fournit, elle, la vision, les missions générales de toute l'entreprise et les plans déclinés par toutes les fonctions. Dans ce

---

1.   Attention à ne pas confondre le positionnement avec la position de l'entreprise ou de la marque sur son marché, définie par sa part de marché ou son rang au classement.

livre, nous faisons bien la différence entre la stratégie et la tactique (ou les actions). La stratégie, ce sont les chemins généraux qui permettent d'atteindre les objectifs. La tactique, ce sont les actions opérationnelles et concrètes qui permettent d'exécuter la stratégie. Tout plan est comme une fusée à trois étages qu'on envoie vers une cible, pour décrocher la lune !

Le plan est une fusée à trois étages

1er étage	**Les objectifs**	Buts à atteindre.
2e étage	**La stratégie**	Chemins qui permettent d'atteindre les objectifs.
3e étage	**La tactique**	Actions qui permettent de concrétiser la stratégie.

Sous le terme générique de « stratégie », peuvent d'ailleurs se cacher plusieurs stratégies. La stratégie et la tactique diffèrent donc par leur niveau, mais aussi par leur contenu : les stratégies tracent les voies et les orientations générales choisies pour atteindre des objectifs spécifiques sur une période donnée. La tactique, elle, détaille chacune des actions réalisées au jour le jour, pendant une année, en principe, et qui traduisent sur le « terrain » les décisions stratégiques. Par exemple, « *communiquer à un large public* » ou « *améliorer le service* », c'est de la stratégie ; « *faire une campagne d'affichage pour un budget de 500 000 euros en mai* » ou « *offrir l'installation gratuite aux clients pour l'achat du produit A* », c'est de la tactique.

Les stratégies marketing serviront de fondements et de cadre aux actions tactiques qui suivront, sous forme de *mix* marketing (voir le chapitre VI). Elles sont des intermédiaires entre les objectifs et les actions concrètes : elles vont fournir les orientations qui permettent, d'un côté, d'atteindre les objectifs, de l'autre côté, de décider le contenu du *mix* marketing.

La stratégie se développe à partir du diagnostic et des objectifs

Pour concevoir la stratégie marketing, le responsable du plan s'appuie sur le travail fait en amont. Tout d'abord, il va se servir du diagnostic stratégique et des principales conclusions de son analyse (opportunités et menaces du marché, forces et faiblesses de l'entreprise) pour répondre aux questions suivantes : *quelles solutions pour résoudre les problèmes ? Quels avantages peut-on tirer des opportunités ? Quelle cible va-t-on viser ?* La réflexion stratégique exige d'être créatif et d'identifier plusieurs solutions pour chaque problème ou opportunité.

Ensuite, il se référera en permanence, et de manière itérative (par allers-retours), aux objectifs et à la cible visée : *les idées et les pistes stratégiques sont-elles en cohérence avec les buts à atteindre ? Sont-elles pertinentes par rapport à la cible de clientèle convoitée ?* Là aussi, il s'agit de générer plusieurs, voire une multitude d'idées ou de solutions. En répondant à ces interrogations, le responsable marketing ou le directeur général pourront choisir les grandes orientations d'approche du marché et, surtout, le positionnement, d'où découlera la définition du *mix*.

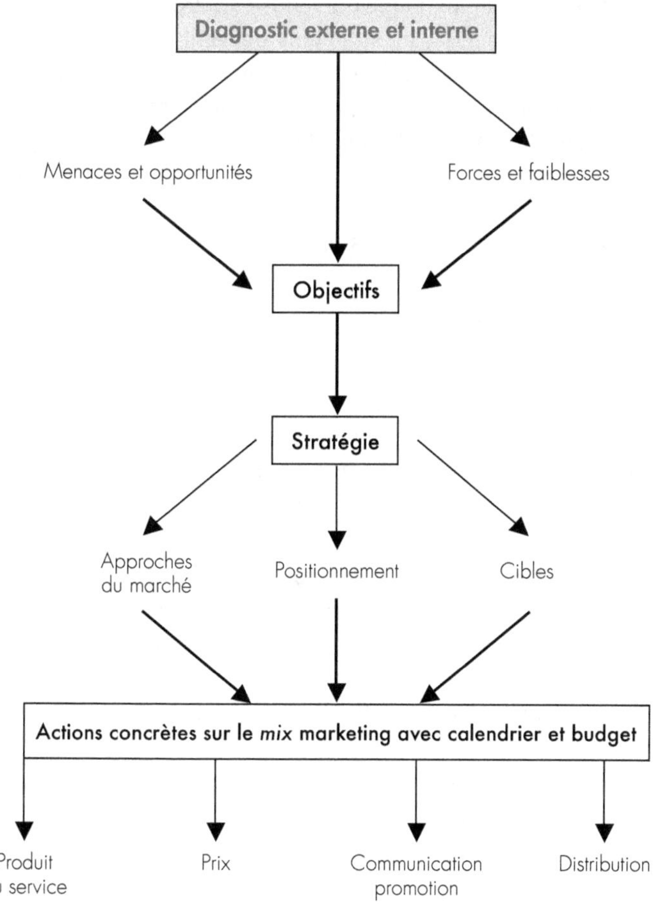

Les choix stratégiques doivent être faits collectivement, avec les autres fonctions internes de l'entreprise (industrie, recherche et développement, commercial, achats, logistique, etc.), mais aussi les prestataires externes (agences de publicité ou promotion, cabinet de design, merchandising, etc.). Le travail se fera avec des retours en arrière perpétuels : à chaque choix, il faudra évaluer si ce choix est en cohérence avec le diagnostic, la cible et les objectifs. Enfin, il faudra hiérarchiser les solutions possibles, selon des critères de rentabilité, de performance ou d'économie.

Les approches possibles du marché combinent produits, clients et marchés

Toute stratégie est un triptyque qui repose sur trois pieds : les produits, le marché et les clients. Les stratégies peuvent se regarder sous plusieurs angles : selon la stratégie d'attaque, selon le niveau de risque, selon la différenciation, selon la position sur le marché ou selon l'approche par fidélisation ou pénétration. Bien sûr, ces choix stratégiques peuvent combiner ces angles de point de vue et cumuler plusieurs critères.

Stratégie offensive ou défensive

Au niveau le plus général, l'entreprise dispose de trois types de stratégie en fonction de son comportement sur son marché :

1. **La stratégie défensive** vise à prévenir la perte de clients actuels. Cette stratégie, bien que difficile à afficher dans les discours ou les écrits officiels, est pourtant, dans la réalité, la plus utilisée. Il s'agit, avant tout, de limiter l'infidélité des clients (par exemple, un opérateur de téléphonie impose le changement de numéro de téléphone en cas de changement d'opérateur).

2. **La stratégie de développement, ou d'intensification,** vise à offrir aux clients actuels une gamme plus large de produits ou services, ou à leur faire acheter une plus grande quantité des produits actuels. Il s'agit d'« intensifier » leurs achats (par exemple, on développe un rituel de nettoyage du visage en cosmétique : démaquillant, nettoyant, lotion et crème hydratante).

3. **La stratégie offensive, ou d'attaque,** vise à générer plus de chiffre d'affaires à travers de nouveaux clients (par exemple, une chaîne de restauration rapide organise des anniversaires pour attirer les enfants et leurs parents).

Stratégie risquée ou sûre

Selon que l'on cherche à développer de nouveaux produits ou services, et selon que l'on cherche à conquérir de nouveaux marchés, les risques pour l'entreprise seront plus ou moins élevés. À l'évidence, l'innovation produits ou services, l'élargissement de clientèle ou la diversification vers un autre marché, même s'ils peuvent rapporter gros, sont plus risqués que la fidélisation des clients actuels par les produits actuels vendus sur les marchés actuels.

Risque → Faible		Produit actuel	Produit nouveau
Faible	**Marché actuel**	Accroître le marché actuel avec les produits actuels.	Développer de nouveaux produits pour les marchés actuels.
Fort	**Marché nouveau**	Vendre les produits actuels à de nouveaux marchés.	Développer de nouveaux produits pour vendre à de nouveaux marchés.

Stratégie par les coûts ou la différenciation

Le choix des stratégies les plus pertinentes repose, avant tout, sur les avantages concurrentiels (voir le chapitre III). Or, aussi rudimentaire que cela puisse paraître, les avantages concurrentiels sont de deux grands ordres (qui se combinent avec les autres décisions stratégiques[1]) : l'avantage concurrentiel par les coûts (volumes ou prix) et l'avantage concurrentiel par la différenciation. Ce n'est pas nous qui le disons, mais Michael Porter, professeur à Harvard et « gourou » de la stratégie, qui, à partir de ces deux types exclusifs d'avantages concurrentiels, a proposé deux stratégies possibles de conquête des marchés[2] :

1. La stratégie par les coûts ou les volumes est réservée aux entreprises qui parviennent à produire ou vendre moins cher que leurs concurrents, grâce aux économies d'échelle, aux quantités achetées, aux effets d'apprentissage ou à l'innovation (supériorité technique en production, livraison, informatique, matières premières, procédé de

---

1. On peut avoir une stratégie offensive par la différenciation, ou défensive par les coûts, par exemple.
2. Parfois, on ajoute une troisième stratégie, « à la Porter » : la spécialisation sur un segment réduit de clientèle, mais toujours, soit par les coûts, soit par la différenciation.

fabrication, etc.). En produisant ses biens ou ses services à moindre coût, l'entreprise peut soit augmenter ses marges, soit diminuer ses prix de vente, soit faire les deux à la fois. Par exemple, telle entreprise de produits laitiers fabrique en énormes quantités un yaourt nature qu'elle vend à très bas prix.

2. La stratégie de différenciation est réservée aux firmes qui arrivent à se distinguer des autres, en particulier des concurrents directs, par :

- **le produit** : la forme, le design, les fonctions, la performance, la qualité, la longévité, la fiabilité, la solidité, la facilité de réparation, le style, etc. ;
- **les services** : la rapidité, la facilité de commande, de livraison, d'installation, de facturation, d'entretien, de réparation, etc. ;
- **le personnel** : ses compétences, sa formation, son amabilité, sa disponibilité, sa crédibilité, sa fiabilité, son délai de réponse ou de réaction, sa communication, etc. ;
- **les circuits de distribution** : le nombre de magasins, les emplacements, leur taille, leur qualité, leur exclusivité, leur rapidité, etc. ;
- **l'image** : les symboles, les logos, les couleurs, les slogans, la publicité, les événements, le parrainage, le siège et les implantations (usines ou magasins). L'identité de l'entreprise, c'est ce que l'entreprise souhaite projeter ; tandis que l'image, c'est ce que la cible (les clients actuels, anciens ou potentiels) perçoit.

Par exemple, Volvo a choisi de se différencier par la sécurité familiale (voitures plus lourdes et robustes avec sièges pour bébé intégrés, renforcements latéraux, pare-chocs renforcés, airbags frontaux et latéraux, coffres spacieux, image rassurante à la suédoise, etc.).

Stratégie par la position sur le marché

Selon Philip Kotler, un autre « pape » du marketing, si tant est que le marketing soit une religion, la stratégie choisie dépend aussi de la position concurrentielle occupée et, surtout, souhaitée par l'entreprise sur son marché. Ces positions concurrentielles sont au nombre de quatre : leader, challenger, suiveur et spécialiste.

Les quatre positions concurrentielles

Stratégie	Types d'entreprise et caractéristiques	Déclinaisons
Leader	**La stratégie de leader, ou la dominance,** s'applique, par définition, à l'entreprise qui a la plus grosse part de marché, même très localement sur une ville (pour un restaurant, par exemple). Elle se décline sous formes de trois sous-stratégies de leadership.	• le développement de la demande : par de nouvelles utilisations d'un produit (ou service) donné, de nouveaux utilisateurs ; l'augmentation des quantités achetées ou consommées ; • la défense de la part de marché actuelle : par l'innovation ; l'extension de la gamme de produits ou une offre agrandie de services ; la baisse des prix ou les promotions (remises, ristournes) ; • la conquête : par l'augmentation des investissements, pour accroître la part de marché ; la baisse des prix ; la croissance externe (acquisition, franchise, licence, partenariat, etc.).
Challenger	**La stratégie de challenger** s'applique aux firmes qui ne sont pas leaders mais qui souhaitent éventuellement le devenir. Elle se décline sous deux formes.	• l'attaque frontale consiste à commercialiser les mêmes produits ou services que les concurrents, mais avec plus de moyens ou à des prix plus bas ; • l'attaque latérale consiste à vendre les mêmes produits ou services que les concurrents sur d'autres marchés qu'eux. On l'appelle aussi « stratégie de contournement ».
Suiveur	**La stratégie de suiveur** conduit l'entreprise à s'adapter constamment aux évolutions des concurrents, en les imitant, voire en les copiant. Il ne faut pas la négliger, même si elle paraît moins élégante ou noble. Les PME ou TPE qui pratiquent l'imitation utilisent l'alignement systématique sur les prix ou les produits du leader, et le *benchmarking*[1] (« étalonnage concurrentiel » en bon français).	
Spécialiste	**La stratégie de spécialiste,** aussi appelée « de niche », « de créneau » ou de « concentration », est particulièrement adaptée aux PME ou TPE. Elle consiste à se « concentrer » sur des segments de marché différents et réduits, en commercialisant des produits ou des services différents. Bien entendu, la stratégie de niche ne fonctionne que si le créneau choisi a une demande suffisante et un potentiel de croissance significatif, s'il n'est pas convoité par la concurrence, s'il est défendable en cas d'attaque et, enfin, s'il correspond aux forces distinctives (compétences-clés ou avantages concurrentiels) de l'entreprise[2].	

1. Le *benchmarking* repose sur une comparaison systématique des performances, des méthodes et des techniques utilisées par les entreprises du même secteur d'activité.
2. Attention, quand une niche devient trop grosse, elle va forcément intéresser les entreprises plus grandes, qui procéderont parfois par acquisition pour conquérir le créneau.

L'approche du marché par fidélisation, pénétration, innovation ou diversification

Pour se développer, l'entreprise va pouvoir jouer sur trois variables : ses produits (actuels ou nouveaux), les clients (actuels ou nouveaux[1]) et le choix du marché (actuel ou nouveau). Toute combinaison de ces variables va déterminer une stratégie type. Sous l'angle de ses produits, elle peut lancer des nouveaux produits ou utiliser les produits existants. Sous l'angle du marché, elle peut intensifier sa part de marché sur le marché actuel ou se diversifier vers des marchés nouveaux (pour elle). Sous l'angle de ses clients, l'entreprise peut fidéliser sa clientèle (vendre plus aux clients actuels) ou élargir sa clientèle (vendre à de nouveaux clients) ; on peut résumer l'approche clients par :

> Les « 3R » : recruter des nouveaux consommateurs,
> retenir les consommateurs existants, regagner
> les consommateurs perdus.

En combinant les trois variables clients, produits et marchés, on aboutit à huit stratégies possibles, de la moins risquée à la plus risquée :

1. **Vendre les produits actuels sur les marchés actuels aux clients actuels** (fidélisation de clientèle par intensification).
2. **Vendre les produits actuels sur les marchés actuels à de nouveaux clients** (élargissement de clientèle par intensification).
3. **Vendre des nouveaux produits sur les marchés actuels aux clients actuels** (fidélisation de clientèle par innovation).
4. **Vendre des nouveaux produits sur les marchés actuels à de nouveaux clients** (élargissement de clientèle par innovation).
5. **Vendre des produits actuels sur de nouveaux marchés aux clients actuels** (fidélisation par diversification intensive).
6. **Vendre des produits actuels sur de nouveaux marchés à de nouveaux clients** (élargissement de clientèle par diversification innovante).
7. **Vendre des nouveaux produits sur de nouveaux marchés aux clients actuels** (fidélisation par innovation et diversification).
8. **Vendre des nouveaux produits sur de nouveaux marchés à de nouveaux clients** (élargissement de clientèle par innovation et diversification).

---

1.   Un nouveau client, dans son acception la plus large, est un client qui n'a jamais acheté le produit ou le service, mais aussi un ancien client qui a abandonné le produit ou le service.

		Produit	
		Actuels	Nouveaux
Marché	Actuels	(1) Clients actuels ou (2) Clients nouveaux	(3) Clients actuels ou (4) Clients nouveaux
	Nouveaux	(5) Clients actuels ou (6) Clients nouveaux	(7) Clients actuels ou (8) Clients nouveaux

À toutes ces stratégies possibles, il nous faudrait ajouter, pour être complet, les stratégies de croissance externe (avec les questions à se poser pour chaque choix) :

- **les acquisitions** : *quels nouveaux produits veut-on posséder ? Quels concurrents les possèdent ?* Prévoir les résultats attendus ;
- **la franchise** : *quelle zone géographique ? Quel type de franchise ? Quel contrat et quel plan de franchise ?* Prévoir les résultats attendus ;
- **la licence** : *quels produits ou services peuvent être licenciés ? Jusqu'à quel degré ? À qui peut-on vendre ou acheter des droits de licence ? Quels contrats et royalties ?* Prévoir les résultats attendus ;
- **l'alliance ou le partenariat** : *quel type de partenariat ? Quel business ? Quel contrat ?* Prévoir les résultats attendus.

Une bonne stratégie se concentre sur une idée-force

La stratégie marketing doit être simple. Comment juger, avant sa mise en œuvre, une stratégie ? Nous parlons, ici, de jugement *a priori*, et non pas d'évaluation *a posteriori*. Pour apprécier la stratégie *a priori*, nous conseillons de la passer au filtre des questions suivantes : *la stratégie correspond-elle aux objectifs visés ? Est-elle cohérente ? Est-elle compatible avec les ressources financières, techniques, commerciales et humaines de l'entreprise ? Est-elle supérieure à celle des concurrents ? N'est-elle pas trop risquée[1] ? Est-elle rentable[2] ?* Pour écrire la section

---

1. Dans les livres, on dit qu'il faut prendre des risques, que l'entrepreneur aime le jeu et l'initiative. En réalité, les conseilleurs ne sont pas les payeurs. Le chef d'entreprise, surtout s'il est propriétaire, déteste l'aventure.
2. Il faut ici prévoir le chiffre d'affaires et les *P&L*, et calculer la rentabilité, le taux de profit, la rentabilité des capitaux investis et le *payback*.

« stratégie » dans le plan, il faut être très descriptif et évocateur. Une stratégie marketing bien rédigée doit se concentrer sur une seule idée-force. Quand plusieurs stratégies seront nécessaires pour atteindre le même but, elles seront hiérarchisées.

Le positionnement est la clé de voûte de la stratégie marketing

La stratégie marketing doit être simple et conçue rapidement. Elle doit, avant tout, déboucher sur le choix du positionnement de l'entreprise, de la marque, des produits ou des services. Car le positionnement est la clé de voûte de la stratégie marketing. C'est le fer de lance du plan, la pointe qui va attaquer le marché ! Essayons donc de clarifier ce concept galvaudé, mais qui reste mystérieux pour beaucoup d'entreprises, surtout les moyennes et les petites.

Définitions théoriques du positionnement

Selon Al Ries et Jack Trout[1], deux publicitaires qui sont considérés comme les pères de ce concept, « *le positionnement s'appuie sur le produit, c'est-à-dire un bien tangible, un service, une entreprise, un organisme ou même une personne... Le positionnement ne s'attache pas à ce que l'on fait avec le produit, mais, plutôt, à ce que le produit représente dans la tête du prospect. On positionne le produit dans l'esprit du client visé* ». En lisant cette définition abstraite, le patron peut rester, à juste titre selon nous, forcément dubitatif. Selon B. Lendrevie[2], le positionnement est l'« *ensemble des attributs saillants et distinctifs qu'une entreprise cherche à associer à un objet (produit, marque, entreprise, service) pour la distinguer de la concurrence et toucher une cible particulière* ». Le mérite de cette définition est qu'elle introduit deux notions fondamentales et évocatrices : la concurrence et la différenciation.

Définition pratique du positionnement

Toutes ces définitions, fort louables, n'en demeurent pas moins trop théoriques et, surtout, peu opérationnelles pour un chef d'entreprise ou un responsable marketing. Il est difficile d'en tirer des conclusions pratiques et de rédiger la stratégie qui sera inscrite dans le plan en

---

1. *Le Positionnement : la conquête de l'esprit*, McGraw-Hill, 1986.
2. *Le Mercator*, Dalloz, 2003.

s'inspirant de « *l'esprit du client visé* ». Aussi proposons-nous la définition suivante du positionnement d'un produit, d'un service, d'une entreprise ou d'une marque, à l'usage de tous les managers[1] :

**Le positionnement d'une entreprise (ou marque ou produit)
sur un marché se définit par ses attributs produits,
sa cible, ses bénéfices et ses concurrents.**

Par exemple, « une crème antirides XZ, pour les femmes de plus de cinquante ans, qui combat les signes de l'âge de manière globale et la nuit, contre les concurrents AB et MN » ou « un restaurant traditionnel, pour les CSP+[2] en centre-ville, qui sert des produits uniquement bio de la région, contre les autres restaurants haut de gamme de la ville ».

Dans un plan marketing, positionner un produit, c'est, pour le responsable de l'entreprise, répondre aux quatre questions clés suivantes : *qu'allons-nous vendre ? À qui allons-nous le vendre ? Avec quel bénéfice pour le client ? Contre qui ?* Car, en répondant à ces questions, les managers vont pouvoir définir les variables les plus stratégiques de leur plan marketing vite et bien :

1. Les attributs saillants et distinctifs de l'offre (produit ou service) que l'entreprise va commercialiser, comme, par exemple, la solidité pour une machine à laver, les propriétés antipelliculaires pour un shampoing, le naturel pour une confiture, la tradition pour un restaurant, la lutte contre les rides pour une crème de soin.

2. La cible visée, c'est-à-dire le segment de marché à qui s'adresse le produit, et qui permet d'identifier aussi la catégorie de produit, le marché ou l'univers concurrentiel sur lequel va opérer la firme (par exemple, les femmes de plus de cinquante ans qui utilisent des crèmes de soin).

3. Les avantages concurrentiels de leur offre, appelés « bénéfices consommateurs » ou « clients » : ce sont des avantages tangibles, psychologiques ou sociologiques, que le client peut retirer des attributs du produit, du service ou de la marque (la lutte contre les signes de l'âge, de manière globale, la nuit, pour paraître plus jeune).

---

1. Cette définition pourrait aussi s'appliquer à un dirigeant, un homme ou une femme politique, un parti, une région, une ville, un pays, une école, une association, un syndicat, etc.
2. Catégories socioprofessionnelles élevées.

4. La concurrence directe ou indirecte, c'est-à-dire les entreprises qui vendent des produits ou des services qui pourraient se substituer à ceux de l'entreprise considérée.

En résumé, un positionnement stratégique c'est : *quoi ? À qui ? Pourquoi ? Contre qui ?*

▪ RÉSUMÉ DU CHAPITRE V

Comment fixer les objectifs et choisir la stratégie marketing ?

▪ La fixation des objectifs est l'enjeu numéro un du plan marketing. Les objectifs sont en effet des buts à atteindre nécessaires et, si possible, chiffrés. L'entreprise peut se fixer cinq grands types d'objectifs : des objectifs de vente (en chiffre d'affaires, unité ou volume), des objectifs de rentabilité (profit, retour sur investissement, *payback*, marge), des objectifs de part de marché (valeur, volume ou relative), des objectifs de croissance et, enfin, des objectifs plus qualitatifs (image, notoriété, satisfaction des clients, fidélité, pénétration). Les objectifs doivent être spécifiques, mesurables, accessibles et cohérents, ainsi que datés et hiérarchisés.

La stratégie est une étape intermédiaire entre les objectifs et les actions qui la concrétisent ; elle décrit les moyens qui permettent d'atteindre les objectifs : cibles, orientations générales, positionnement. Elle se développe par allers-retours successifs entre le diagnostic de la situation (segmentation, en particulier) et les objectifs visés. L'entreprise devra choisir parmi diverses approches stratégiques du marché qui se combinent entre elles : l'offensive ou la défensive ; les avantages coûts ou la différenciation ; une stratégie de leader, challenger, suiveur ou spécialiste ; l'innovation (nouveaux produits) ou l'intensification (par sa gamme actuelle) ; l'élargissement ou la fidélisation de clientèle ; la concentration sur son marché ou la diversification ; la croissance interne ou externe (acquisition ou partenariat, par exemple). Ancrée sur une idée-force, la stratégie marketing repose, avant tout, sur le positionnement : *qu'allons-nous vendre ? À qui ? Avec quel bénéfice client ? Contre qui ?* ▪

Chapitre VI

Comment agir sur le *mix* marketing ?

*« C'est une erreur de croire que la stratégie ne dépend
pas des résultats de la tactique. »*
Clausewitz.

Après les objectifs et la stratégie, en particulier le positionnement, voici venir le temps de la tactique !

■ QUE SONT LA TACTIQUE ET LE *MIX* MARKETING ?

On peut dire que le plan d'actions est le niveau tactique du plan marketing, par opposition au niveau stratégique. Désormais, la mission du dirigeant ou du responsable du plan est de sélectionner des actions concrètes, et non plus de rêver. Mais, attention, dans notre esprit, la tactique n'est ni moins noble ni moins vitale que la stratégie ! Au contraire, un plan se doit d'être performant sur les deux tableaux : la partie stratégique, qui consiste à concevoir le plan de bataille sur des cartes, et la partie tactique, qui est l'art de faire manœuvrer les armées sur le terrain.

> La tactique est l'ensemble des actions marketing à court
> terme choisies pour réaliser et mettre en œuvre
> la stratégie marketing globale.

La tactique va donc se traduire en un plan d'actions opérationnel. Ces moyens d'action vont porter sur le produit lui-même, le prix de vente, la communication, au sens large, et la distribution. La combinaison de ces actions compose le fameux *mix* marketing. Ces actions, prises séparément ou collectivement, devront toujours se référer à :

- **la cible visée ;**
- **les concurrents directs ;**
- **les ressources disponibles.**

En clair, chaque élément du *mix* marketing sera développé, afin de respecter le positionnement choisi et le budget imparti. Il faut insister sur ce point : toute décision d'action sur un des éléments du *mix*, tels que le prix ou la publicité, par exemple, ne peut être prise isolément de la stratégie poursuivie. Un positionnement haut de gamme sera ruiné par un prix trop bas ou une qualité de service déficiente. Quand des actions sur le *mix* ne sont pas cohérentes entre elles, ou ne poussent pas dans le même sens, voire se contredisent, le positionnement réel ou obtenu sera très différent du positionnement souhaité. Car les liens entre les actions et le positionnement, c'est-à-dire entre la tactique et la stratégie, sont intimes et bilatéraux : la meilleure exécution ne peut sauver une mauvaise stratégie, mais, sans bonne exécution, on ne tirera pas le meilleur de la bonne stratégie ; et une mauvaise exécution peut tuer la meilleure stratégie. Pour chaque opération tactique, il va falloir, en réalité, monter un miniplan qui précise :

- **la situation actuelle :** *où en est-on ?*
- **l'objectif de l'action :** *où veut-on aller ?*
- **l'action :** *que doit-on faire pour y arriver ?*
- **le responsable :** *qui fait l'action ?*
- **le calendrier :** *quel est le début et la fin de l'action ?*
- **le budget :** *quel est le coût de l'action ?*

Le miniplan idéal est celui qui requiert le minimum de ressources, mais qui fait le maximum de profit ! Nous proposons d'utiliser, pour planifier toutes les actions marketing, un tableau de ce type[1].

---

1.   On l'appelle *project list* en anglais.

Liste des actions marketing

préparée par : M. Dupond ; le JJ/MM/20XX

Objectif	Communiquer sur Internet	Changer l'emballage du produit ABC
Situation actuelle	Objectifs du site définis	Cahier des charges écrit
Action	Créer notre site	Lancer appel d'offres
Nom du responsable	Chef du service communication extérieure	Chef de produit ABC
Début action	Mai 20XX	15 juin 20XX
Fin action	Septembre 20XX	1er août 20XX
Coût	2 500 €	16 000 €

Le début et la fin de l'action, dans le tableau ci-dessus, concernent l'action proprement dite, et non la date à laquelle l'objectif devra être atteint. Mais on peut aussi raisonner en calendrier par objectif. Bien sûr, chaque action peut être décomposée en sous-actions. Par exemple, l'action « *créer un site Internet* » sera scindée en plusieurs étapes : « *écrire le cahier des charges* », « *lancer l'appel d'offres* », « *présenter aux agences en compétition* », « *choisir l'agence et accepter le devis* », « *suivre le développement du site* » et « *mettre en ligne le site* ». Pour faire vite et bien, le plan marketing regroupe les actions de l'année à venir en quatre catégories, correspondant aux quatre éléments du *mix* :

- **les actions sur les biens ou services** ;
- **les actions sur les prix** et donc les marges ;
- **les actions sur la communication et la promotion** ;
- **les actions sur les réseaux de distribution** ou de vente.

Nous verrons que, selon la taille, la complexité ou le nombre des actions, on pourra rédiger un plan d'actions général et un plan d'actions détaillé. Le marketing *mix* regroupe les actions sur les « **4P**[1] » qui permettent d'atteindre les objectifs visés et de concrétiser la stratégie choisie.

---

1. Les « 4P » : produit, prix, promotion, place.

<table>
<tr>
<td>

Produit

Qualité, caractéristiques, gamme, design, marque, conditionnement, taille, garantie, services, etc.

</td>
<td>

Prix

Tarif, remises, rabais, conditions de paiement et de crédit, remises de fin d'année, etc.

</td>
</tr>
<tr>
<td colspan="2" align="center">

Mix marketing = moyens d'action

</td>
</tr>
<tr>
<td>

Distribution

Canaux, zones de chalandise, points de vente, Internet, stocks, force de vente[1], etc.

</td>
<td>

Communication et promotion

Publicité, promotion des ventes, marketing direct, relations publiques et presse, parrainage, mécénat, etc.

</td>
</tr>
</table>

COMMENT CHOISIR LA POLITIQUE PRODUIT ?

La politique (ou programme ou plan d'actions) produit concerne tout ce qui touche au produit en tant que moyen de satisfaire le besoin d'un client : que ce soit un bien ou un service, de consommation ou d'équipement (vendu à d'autres entreprises). Pour être précis, on devrait d'ailleurs parler d'« offre produit », car beaucoup de services sont aussi associés aux biens matériels. L'offre produit est l'élément le plus important du *mix* marketing ; elle est, sans doute, plus essentielle que les politiques de prix, communication ou distribution. Car toute défaillance de produit ou de service ne pourra pas, ou alors très difficilement, être compensée par le prix, la communication ou la promotion. Une machine à laver qui ne lave pas, même avec un excellent soutien publicitaire, aura du mal à percer le marché ! Ensuite, un produit ou un

---

1. Nous avons décidé de placer la force de vente dans l'élément « distribution », plutôt que d'en faire une catégorie à part, car la force de vente est un des moyens qui permettent d'agir sur la distribution.

service ne se changent pas aussi facilement qu'une promotion ou qu'un tarif : leur durée de vie est plus longue. Enfin, chronologiquement, les politiques de prix et de communication sont définies le plus souvent après l'offre produit. Certes, le bien ou le service seront nourris par le positionnement et la communication. Mais, en marketing, selon le produit que l'on concevra, on sera obligé d'ajuster la communication et le prix à ses caractéristiques et à ses coûts de production. Définir l'offre produit, c'est décider des éléments suivants :

- **les besoins du segment à satisfaire ;**
- **le bénéfice à apporter aux clients ;**
- **les performances voulues du produit ;**
- **les caractéristiques intrinsèques et relatives du bien ou du service ;**
- **la gamme ;**
- **le conditionnement ;**
- **le nom ou la marque.**

Le produit, c'est donc l'essence même du *mix* marketing, son « corps », tandis que l'image sera son « âme ».

Faire émerger les besoins du segment à satisfaire

Le bien ou le service va venir se positionner sur le marché et, sans doute, sur un ou plusieurs segments identifiés, au préalable, dans la stratégie. D'entrée de jeu, il faut donc savoir si l'offre sera globale ou segmentée : *fera-t-on un marketing de masse ou un marketing différencié par segment ?* L'identification du segment va permettre de définir la nature et la fonction de l'offre, les bénéfices attendus, les performances principales, et les modalités et variété des présentations.

Un marketing performant ne se contente pas de répondre aux besoins explicites, mais il cherche à sonder et, si possible, à faire émerger, les besoins implicites des clients. De manière provocante, on peut écrire que répondre aux besoins des consommateurs ne suffit pas. Il faut les aider à savoir ce dont ils ont besoin ou ce qu'ils désirent ! Sur certains marchés, le luxe, par exemple, on pratique en réalité un « marketing de l'offre ».

Trouver des bénéfices à apporter

Les clients ont des besoins, des problèmes à résoudre, des souhaits à formuler, et parfois des rêves. Les entreprises apportent des bénéfices, des solutions, des exaucements ou des concrétisations. Le bénéfice est l'avantage que le consommateur peut retirer d'un service ou d'un produit : « *ne plus avoir de caries dentaires* », « *se détendre dans un centre de vacances* ». Ce bénéfice est soit objectif (fonctionnel, tangible, matériel), soit psychologique (intangible, immatériel, émotionnel). Un produit compétitif apporte, entre autres, un bénéfice supérieur à celui des produits concurrents, ou le même bénéfice, à moindre coût, pour le client.

Ajuster les performances aux besoins et aux concurrents

Les clients ont des besoins. Les entreprises apportent des bénéfices. Les produits ont des performances. Les performances sont donc des moyens qui véhiculent les bénéfices aux clients. La performance d'un bien ou d'un service se juge de trois façons :

- la **performance absolue ou intrinsèque** : *que fait le produit ? Qu'apporte-t-il aux clients ? Quelle est sa performance dans la satisfaction des besoins des clients ?*
- la **performance relative** : *quelle est sa performance par rapport aux biens ou services des concurrents ? Quel produit les clients préfèrent-ils ? Comment se comparent les bénéfices qu'ils apportent ?*
- la **performance financière** : *quelle marge (contribution, profit ou* cash flow*) le produit génère-t-il ? Par rapport aux autres biens ou services de l'entreprise ? A-t-il une rentabilité supérieure ou inférieure à la rentabilité moyenne de l'entreprise ?*

Définir les caractéristiques du produit

Les caractéristiques varient, bien sûr, selon qu'il s'agit de biens matériels ou de services. Ces derniers, par définition, sont intangibles (on ne peut pas les toucher, les voir, les sentir ou les goûter avant l'achat : une coupe chez un coiffeur, par exemple), indivisibles ou simultanés (le service est fabriqué en même temps qu'il est consommé : une place de théâtre), variables (le repas préparé par le chef sera différent de celui préparé par son assistant), périssables (on ne peut pas stocker une place d'avion). Parmi les principales caractéristiques des biens ou services figurent :

- l'**avantage** du produit ;
- la **qualité** : c'est l'aptitude globale à satisfaire les besoins explicites ou implicites de la chaîne aval ;

- **la composition** du produit : la formule ou les ingrédients ;
- **le respect des normes** ;
- **les dates limites de vente** ou de consommation ;
- **l'apparence extérieure** (voir conditionnement p. 101) ;
- **les services associés.**

Pour les services associés aux biens, on déterminera les services avant, pendant et après l'achat :

- **avant l'achat** : accueil, prise en charge du client, information sur l'offre, le conseil d'achat, le traitement des cas particuliers ;
- **pendant l'achat** : la prise de commande et la réservation, la facturation, le paiement ;
- **après l'achat** : la réassurance, l'installation, la formation à l'utilisation, l'entretien, la réparation, le traitement des réclamations, le programme de fidélisation.

Dans les services, les critères de performance et de qualité sont les suivants (avec, comme exemple, un garage) :

- **les dimensions matérielles du service** pourtant intangibles (le point de vente, la décoration, l'emplacement, la tenue du personnel) : *le garage est-il propre, accueillant, chaleureux ?*
- **la fiabilité** : *la réparation dans ce garage est-elle de qualité régulière ?*
- **la rapidité** : *la voiture sera-t-elle réparée rapidement ?*
- **la compétence** : *le garagiste saura-t-il bien identifier la panne ?*
- **la courtoisie** : *est-on bien reçu dans ce garage ?*
- **la crédibilité et l'honnêteté** : *va-t-on payer le juste prix ?*
- **l'implication du personnel** : *le personnel dans ce garage donne-t-il l'impression de vouloir aider les clients ?*
- **la sécurité** : *la réparation a-t-elle été bien effectuée ?*
- **l'accessibilité des services** : *le garage a-t-il des heures d'ouverture larges ? Est-il bien situé ?*
- **la communication** : *les informations données dans le garage sont-elles claires ?*
- **la personnalisation** : *le garagiste tient-il compte de mes horaires de travail ? Propose-t-il une voiture de remplacement ?*
- **la connaissance des clients par l'entreprise de service** : *le garagiste reconnaît-il ses clients fidèles ?*

Définir la gamme pour couvrir les segments visés

Pour faciliter le choix de la gamme, les responsablesmarketing peuvent utiliser une matrice[1] de ce type :

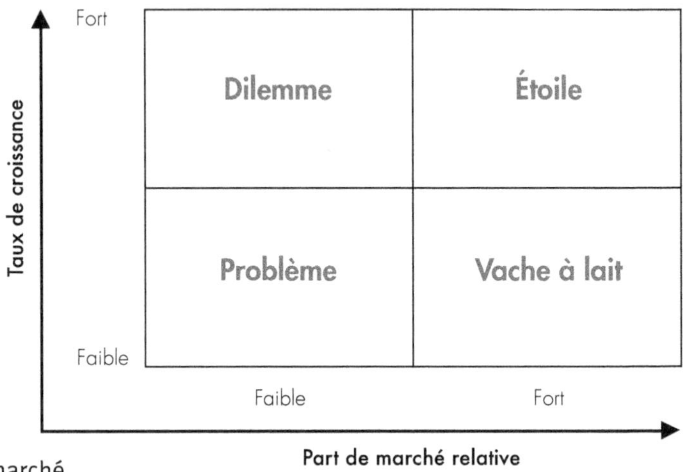

Le responsable marketing va chercher à classer chacun des produits actuels dans une des quatre catégories :

- **les produits « étoiles »** : il va falloir investir dessus, car ils font de la croissance ; mais, attention, les « étoiles » n'ont pas forcément la meilleure rentabilité actuellement et génèrent peu de *cash flow*, puisqu'ils sont fortement soutenus ;
- **les produits « vaches à lait »** : ce sont des produits matures, qui requièrent peu d'investissements marketing, mais qui rapportent beaucoup ;
- **les produits « problèmes »** (en anglais les *dogs*) : ils sont en déclin et ont une faible rentabilité ; il faut désinvestir sur ces produits, voire les abandonner ;
- **les produits « dilemmes » ou « questions »** sont soit des nouveaux produits qui n'ont pas encore fait leurs preuves, soit des produits qui amorcent leur déclin (certains pourront être relancés, d'autres finiront par être éliminés).

---

1.   Dite « matrice BCG », du nom du cabinet qui l'a inventée, le Boston Consulting Group.

À partir de la stratégie produit choisie, on va pouvoir définir la gamme de produits : sa largeur (Renault a plusieurs modèles de voitures : Twingo, Clio, Laguna, Safrane, Espace, etc.) et sa profondeur (au sein du modèle Mégane, il y a plusieurs versions à trois ou cinq portes, essence ou diesel, sportive ou décapotable, etc.). L'étendue d'une gamme vise au moins deux objectifs :

- **bien couvrir le marché** et les différents segments avec des produits différenciés ;
- **assurer la rentabilité** sur divers segments, pour ne pas tout miser sur un « seul cheval », et répondre aux aléas de la demande ou aux attaques de la concurrence sur un des créneaux occupés.

La gamme se définit aussi en fonction du positionnement selon son niveau[1]. La stratégie « bas de gamme » est fondée sur les coûts et des prix plus bas que la moyenne du marché ou que les principaux concurrents. Dans la stratégie « milieu ou moyenne gamme », les prix ou le type de produit sont situés dans la moyenne du marché, et ont des performances ou une qualité moyennes. Dans la stratégie « haut de gamme », les prix et les performances sont supérieurs à la moyenne du marché. L'entreprise pourra choisir d'évoluer du bas vers le haut de gamme, mais une telle initiative est souvent longue, coûteuse et très difficile à atteindre.

Pour gérer sa gamme, la firme devra parfois lancer de nouveaux produits, modifier les produits actuels ou en éliminer. Attention, l'élimination de produits doit se faire en fonction du chiffre d'affaires, de la rentabilité, mais aussi en fonction des impacts que l'élimination peut avoir sur les autres produits : perte de linéaire[2] au profit des concurrents dans les biens de grande consommation, perte définitive d'un client qui achetait les autres services seulement si un service particulier était fourni (lavage automatique dans une station-service), etc.

Choisir le conditionnement

Pour les biens matériels, surtout de grande consommation, le conditionnement (ou l'emballage) revêt une importance cruciale, lors de l'essai du produit, c'est-à-dire le premier achat. Schématiquement, on

---

1. Voir annexe « Un tableau pour choisir son positionnement stratégique ».
2. Les étagères occupées par la marque ou le produit dans un magasin.

peut dire que l'emballage est passé d'une simple fonction de protection à une fonction plutôt de communication. En effet, un emballage sert à protéger le produit pendant le transport, le stockage, l'utilisation ou le rangement. Mais il joue aussi un rôle de communication, parce qu'il sert à identifier le produit, à donner de l'impact visuel, à informer les clients potentiels et à véhiculer l'image de la marque ou de l'entreprise. Traditionnellement, on sépare le contenant (la forme, le matériau, le système d'ouverture et de fermeture, la taille, etc.) du design (le décor, les textes, le graphisme, les couleurs, etc.). Il faut aussi faire la différence entre le conditionnement primaire (à l'unité, par exemple une bouteille d'eau minérale), le conditionnement secondaire (le pack de six bouteilles) et le conditionnement tertiaire (les cartons qui sont mis sur les palettes pour aller de l'usine aux supermarchés).

Choisir le nom des produits et la politique de marque

Il n'est pas dans l'objet de ce livre d'expliquer en détail la politique de marque d'une entreprise. Rappelons seulement que le nom des produits ou de l'entreprise, que l'on aurait pu d'ailleurs placer dans la section qui traite de la communication, est un enjeu-clé du plan marketing. Selon Philip Kotler :

> « La marque est un nom, un terme, un signe, un symbole, un dessin ou toute combinaison de ces éléments servant à identifier les biens ou les services d'un vendeur ou d'un groupe de vendeurs et à les différencier de ses concurrents[1]. »

La plupart des définitions sur les marques insistent sur les deux notions majeures que sont l'identification et la différenciation[2]. De manière plus imagée, on peut dire qu'une marque est une promesse, faite par le vendeur (l'entreprise) à l'acheteur (un consommateur ou une autre entreprise), qui s'articule autour du contenu suivant :

- **un ensemble d'attributs objectifs** : Mercedes, c'est cher, solide et durable ;
- **un ensemble d'avantages** : la solidité reflète une notion de sécurité ;

---

1. P. KOTLER, *Marketing Management, op. cit.*
2. Selon l'article L. 711-1 du code de la propriété industrielle, « la marque, de commerce ou de services est un signe susceptible de représentation graphique servant à distinguer les produits ou services d'une personne physique ou morale ».

- **un ensemble de valeurs** : Mercedes représente également le prestige et la performance ;
- **une culture** : Mercedes reflète une culture germanique ;
- **une personnalité** : les marques allemandes sont perçues généralement comme sérieuses ;
- **un profil de clientèle** : Mercedes évoque plutôt un cadre supérieur de plus de cinquante ans.

La marque est donc un ensemble de valeurs fonctionnelles et émotionnelles complexes, qu'on appelle aussi le « capital-marque[1] » :

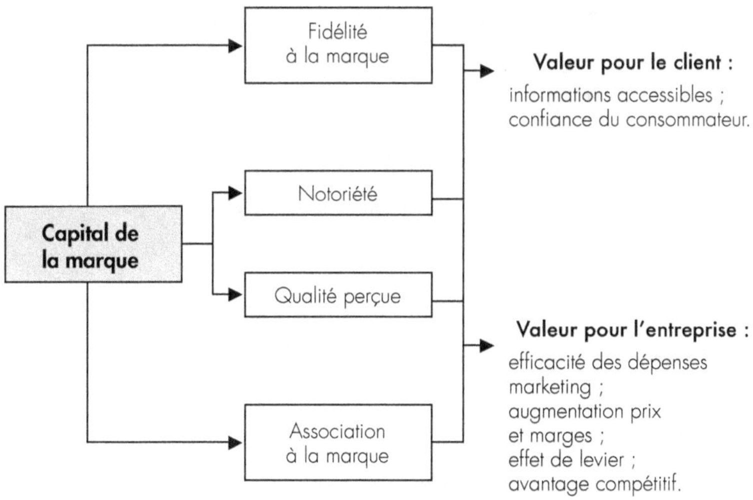

Dans les cas de lancements de nouveaux produits, il faudra préciser quel nom de marque sera choisi : la marque existante qui sera étendue à de nouveaux produits, une nouvelle marque appliquée à ces derniers, ou une politique de marque ombrelle ou caution. Synthétiquement, il existe quatre grandes politiques de marque possibles :

- **la politique de marque produit** : un positionnement donné correspond à une marque donnée ; chaque produit différent a une marque différente (les lessives Ariel, Dash, Vizir, Bonux appartiennent à la même société, Procter & Gamble) ;

---

1.   D. AAKER et J.-L. ENDREVIE, *Le Management du capital-marque*, Dalloz, 1994.

- **la politique de marque ombrelle** : sous la même marque on regroupe des produits différents appartenant en général à la même catégorie (Amora vend de la moutarde, des cornichons, de la mayonnaise, des vinaigrettes) ;
- **la politique de marque caution ou signature** où deux marques cohabitent sur le même produit : la marque « mère » (Danone) et les marques « filles » (Activia, Jockey, etc.) ;
- **la politique de marque multiforme** : les architectures de marque et produit sont multiples (Nestlé vend des chocolats Nestlé, Crunch de Nestlé, Nesquik, Nescafé, etc.).

Globalement, la marque joue six rôles pour l'acheteur[1] :

Rôle	Bénéfice consommateurs
Repérage	Voir clair, se repérer dans l'offre, identifier rapidement les produits recherchés.
Praticité	Permettre le gain de temps et d'énergie par le rachat à l'identique et la fidélité.
Garantie	Être sûr de trouver une qualité stable, partout, quel que soit le lieu d'achat et le moment.
Optimisation	Être sûr d'acheter le meilleur produit de sa catégorie, la meilleure performance pour un usage spécifique.
Personnalisation	Se voir conforté dans l'image de soi ou dans l'image que l'on donne aux autres.
Permanence	Satisfaction née de la familiarité et de l'intimité des liens à une marque que l'on a consommée depuis des années et qui dure.
Hédonisme	Satisfaction liée à l'esthétique de la marque, à son design, à ses communications.
Éthique	Satisfaction liée au comportement responsable de la marque dans ses rapports à la société (écologie, emploi, citoyenneté, publicité non choquante).

Pour le vendeur (l'entreprise), la marque a **une valeur d'image, une valeur commerciale** (augmentation des ventes et avantage compétitif) et, surtout, **une valeur financière** (prix plus élevé, augmentation des

---

1. Adapté de l'ouvrage *Les Marques, capital de l'entreprise*, J.-N. Kapferer, Éditions d'Organisation, 2007.

marges, efficacité des dépenses marketing). D'ailleurs, on peut dire, de manière presque triviale, qu'une marque permet de vendre plus cher des produits qui auraient été vendus moins cher s'ils n'avaient pas cette marque !

Pour créer une marque, il va falloir passer par cinq étapes : **la définition du cahier des charges** (les objectifs assignés au nom), **la création du nom** (*brainstorming*), **la présélection du nom, le test du nom et la validation juridique.** Sachant que les critères de sélection du nom sont les suivants :

- être facile à apprendre et mémoriser (Skip) ;
- suggérer la catégorie de produit (Monsavon) ;
- être capable d'être à la base d'un symbole ou d'un slogan (Camel) ;
- suggérer les traits d'image essentiels du positionnement (Bounty) ;
- ne pas avoir de connotation négative ou désagréable (la Nova, voiture lancée par General Motors, fut un échec dans les pays sud-américains, car, en espagnol, *no va* signifie « ne fonctionne pas ») ;
- être original (Microsoft) ;
- être non protégé ;
- pouvoir être protégé.

Récapituler le plan produit par objectif et par action

Pour définir la politique produit, le responsable marketing, en fonction de la stratégie choisie va devoir répondre aux questions suivantes : *l'entreprise va-t-elle utiliser les produits actuels (en les consolidant, en les standardisant ou en investissant plus, par exemple) ? Va-t-elle les modifier et les améliorer (en changeant une ou plusieurs caractéristiques : qualité, performance, formule, design ; par exemple, modifier la composition du produit pour répondre aux attentes de produits moins sucrés) ? Va-t-elle lancer de nouveaux produits ? Va-t-elle en abandonner ? Va-t-elle changer le portefeuille de produits ou la gamme ? Va-t-elle développer des extensions de ligne avec les marques existantes ? Va-t-elle développer de nouveaux usages pour les produits actuels ? Va-t-elle trouver de nouveaux modes de production des produits ?*

La politique produit sera résumée par un récapitulatif, qui fixe les principaux objectifs de la manière suivante : principaux lancements ou changements, ventes (en volume, en valeur), parts de marché (éventuellement, taux de pénétration et taux d'usage), marges et contribution, calendrier et coûts.

Objectifs par produit

	Ventes en valeur	Ventes en volume	Parts de marché valeur	Marge	Contribution
Produit A actuel	12	12 000	6 %	37 %	21 %
Produit B actuel	9	7 000	4,5 %	39 %	23 %
Produit C modifié	7	6 500	3,5 %	35 %	19 %
Produit D nouveau	4	2 800	2 %	41 %	13 %
Produit E nouveau	3	1 200	1,5 %	43 %	11 %

Mais on synthétisera aussi les principales actions au niveau des caractéristiques, de la gamme, du conditionnement et du nom :

Liste des actions sur les produits

préparée par : M. Dupond ; le JJ/MM/20XX

Objectif	Lancer le nouveau produit D	Modifier produit C
Situation actuelle	Formule prête	Cahier des charges écrit
Action	Développer l'emballage	Lancer appel d'offres
Nom du responsable	Chef du service communication extérieure	Chef de produit ABC
Début action	2 mai 20XX	15 juin 20XX
Fin action	Septembre 20XX	1er juillet 20XX
Coût	2 500 €	16 000 €

■ COMMENT CHOISIR LA POLITIQUE PRIX ?

Après avoir défini le produit, il faut, maintenant, lui donner un prix.

Générer de la valeur durable par le prix

Quand on parle de prix, il faut, d'abord, s'entendre sur quel type de prix on discute : il y a le prix final payé par le client final, et le prix facturé à des intermédiaires, comme les distributeurs, qu'on appellera, ici, « tarif ». Sauf mention contraire, le prix traité dans ce livre se réfère au prix final[1].

La fixation du prix est la décision la plus difficile à prendre dans une entreprise. Car, si le produit génère des coûts, ainsi que la communication et la distribution, seul le prix rapporte ! La fixation du prix, *in fine*, doit être du ressort du directeur général ou du patron. Car le prix a un impact décisif et durable sur la rentabilité de l'entreprise. Or, on ne fixe pas les prix de manière assez rigoureuse dans les sociétés : soit ils sont trop bas, soit trop élevés. Le prix est, en réalité, pourvoyeur de valeur ; et la valeur est au centre de l'économie, du management et de la politique marketing :

> **La valeur d'un bien ou d'un service, c'est ce que le consommateur ou le client est prêt à payer.**

Communiquer le positionnement par le prix

La décision sur le prix ne doit pas intervenir une fois que tous les autres éléments du *mix* marketing ont été décidés. Au contraire, le prix se décide conjointement avec le positionnement, les caractéristiques du produit et son image à travers la communication. Car le prix communique aussi le positionnement, l'image, la qualité et les performances de l'offre. En particulier, le produit et le prix sont étroitement liés.

Concilier demande et rentabilité

Le prix a une influence sur le niveau de la demande et sur celui de la rentabilité.

Il a une incidence sur la demande car, en fonction des prix choisis, la demande va varier : globalement les économistes classiques pensaient que plus les prix des produits étaient élevés, plus la demande baissait. Même si cette corrélation entre prix et baisse de la demande n'est, bien sûr, pas toujours vérifiée, elle reste largement vraie. Le prix va donc

---

1. Le prix public affiché dans un point de vente contient la marge du fabricant et celle du distributeur.

avoir une influence sur le volume des ventes. Il aura aussi un impact sur l'image de l'offre et du service. Là aussi, schématiquement, un prix élevé laissera supposer une qualité ou des performances élevées. Un prix bas suggérera une qualité inférieure dans l'esprit des clients. Enfin, le prix, dans certains secteurs, peut influencer l'attitude des distributeurs ou intermédiaires à l'égard du produit : les revendeurs ont plutôt intérêt à pousser des produits sur lesquels les marges sont élevées.

Le prix a bien sûr une influence totale sur la rentabilité. Il doit, certes, couvrir les frais variables et fixes, mais aussi permettre de dégager des marges et du profit. La fixation du prix est donc à la fois une affaire de marketing et de finance. Le marketing et très souvent la force de vente auront tendance à vouloir pratiquer des prix bas ou « raisonnables » pour vendre plus et pénétrer le marché ; le responsable financier aura tendance à vouloir vendre cher pour accroître la marge à l'unité et le bénéfice. Hélas, la « liberté » en matière de fixation des prix est très contrainte. Car le choix du prix évolue entre un « plafond » et un « plancher ». Le « plafond », c'est le prix maximum que l'on peut donner au produit : le prix au-dessus duquel les clients n'achèteront plus le bien ou le service, car ils le considéreront comme étant trop cher ; c'est un « plafond marketing ». Le « plancher », c'est le seuil de rentabilité fixé par les contraintes financières : au-dessous de ce plancher, on ne couvre plus les frais fixes et variables, quel que soit le volume des ventes ; c'est un « plancher financier ». Entre le plafond et le plancher, il va falloir fixer le niveau de prix. Mais un troisième « larron » va venir se mêler aux contraintes marketing et financières : la concurrence. En effet, le prix fixé ne pourra s'exonérer des autres prix pratiqués sur le marché par les concurrents.

Le prix est donc, le plus souvent, le résultat d'un compromis, même si les dirigeants détestent ce terme de « compromis », entre trois contraintes : la demande marketing (ce que le client est prêt à payer), la rentabilité financière (ce que le prix doit dégager comme bénéfice) et la concurrence (ce que les autres vont proposer comme prix).

Tenir compte des six facteurs influençant la fixation du prix

Six facteurs principaux influencent en permanence la fixation du prix :

1. Les coûts de production et les autres frais : ils vont déterminer le plancher, autrement dit, le seuil de rentabilité ou le « point mort ».

2. La valeur perçue par les clients : c'est le plafond au-dessus duquel les clients n'achètent plus ; ce qu'ils sont prêts à payer au maximum.

3. Les prix des concurrents, surtout les concurrents directs : l'entreprise, ici, n'a que trois choix : vendre plus cher, vendre au même prix ou vendre moins cher.

4. Le positionnement perçu par les clients ou voulu par l'entreprise : un prix bas peut signifier mauvaise qualité, et un prix élevé peut signifier bonne qualité.

5. Les objectifs généraux de l'entreprise : *recherche-t-elle plutôt la croissance ou plutôt la rentabilité à court terme ?* Si elle recherche plutôt la croissance, elle fixera un prix qui lui permettra de pénétrer le marché, un prix dit « agressif » par rapport aux concurrents pour augmenter les volumes et les parts de marché. À l'inverse, si elle recherche la rentabilité à court terme, elle écrémera le marché, c'est-à-dire pratiquera un prix plus élevé que la moyenne du marché, et elle cherchera à faire le plus de profit unitaire possible.

6. L'élasticité de la demande au prix sur le marché de référence : en général, moins il y a de différenciation parmi les offres en concurrence, plus l'élasticité au prix sera grande ; si les produits se ressemblent, le prix devient le seul vrai point de différenciation ; entre deux produits similaires, sur le plan des caractéristiques fonctionnelles ou psychologiques, le client choisira le moins cher. En revanche, plus l'offre est différenciée, moins l'élasticité au prix sera grande ; en clair, un produit différent peut être vendu plus cher.

Décider le prix en cinq étapes

Nous conseillons de fixer le prix en cinq étapes :

1. Fixer l'objectif de la politique de prix : écrémage (prix élevé par rapport aux concurrents), pénétration (attaquer les concurrents), survie ou recherche d'image.

2. Évaluer la demande : *quelle est l'élasticité des volumes de vente au prix ? Quelle est la valeur attribuée au service ou au bien par les clients ?*

3. Calculer les coûts : à partir des coûts fixes et variables, on trouvera le seuil de rentabilité ou point mort.

4. Se comparer avec la concurrence : en veillant à faire les comparaisons à l'unité, mais aussi au litre ou au kilo pour les biens, et par type de prestation pour les services. Plus le produit est différencié, mieux on résiste aux politiques de prix des concurrents ; moins il est différencié,

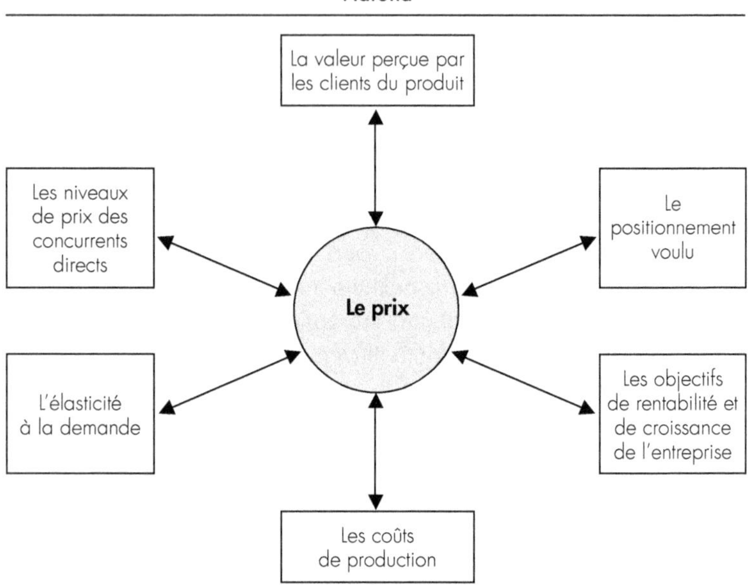

plus on sera forcé de suivre les concurrents (en cas de baisse des prix en particulier).

Vendre moins cher que les concurrents, cela veut dire, en général, rechercher des volumes de vente plus élevés pour compenser des marges plus faibles. Cette stratégie de prix inférieurs est pertinente quand l'entreprise veut :

- accroître le marché pour attirer des clients qui, jusque-là, ne pouvaient acheter à des prix aussi élevés ;
- augmenter le taux d'essai ;
- tirer profit de l'élasticité au prix pour augmenter les volumes ;
- attaquer la concurrence pour lui prendre des parts de marché ; c'est souvent nécessaire dans les marchés matures ;
- résister à la concurrence quand celle-ci baisse ses prix ;
- empêcher les concurrents de pénétrer sur le marché.

Vendre plus cher que les concurrents, cela signifie avoir des prix *premium* qui génèrent de meilleures marges, et permettent de soutenir un positionnement de qualité et d'accroître les dépenses publipromotion-nelles. Cette stratégie est pertinente quand :

- la firme a besoin de récupérer rapidement ses investissements ;
- la firme a besoin de générer du profit pour investir en R&D ;
- la firme doit véhiculer le positionnement haut de gamme de ses produits ;
- il n'y a pas d'élasticité au prix : la demande ne baisse que marginalement quand on augmente les prix ;
- le produit a une vraie innovation et est en phase de lancement ;
- la firme donne la priorité aux profits avant la croissance du chiffre d'affaires : les marges doivent donc rester très élevées ;
- le produit est un produit de mode à courte durée de vie.

5. Utiliser une méthode de tarification des biens ou services :

- en partant des coûts, on rajoute une marge ;
- en partant du taux de rentabilité recherché, on applique un coefficient multiplicateur ;
- en partant de la valeur perçue par les clients, on cherche à s'approcher du « plafond marketing » (malheureusement, il est très difficile en marketing d'évaluer la valeur perçue dans l'absolu) ;
- en se comparant à la concurrence, on s'aligne, par exemple, sur les concurrents directs ou le leader.

6. Fixer le prix : on l'augmente, on le maintient ou on le diminue, par rapport à l'année précédente (« *augmenter les prix de 4 % à partir de mai* »). L'augmentation ou la baisse des prix entraînent, généralement, des réactions des clients et des concurrents :

- *la baisse des prix* se fait seulement si les circonstances l'exigent (par exemple, les capacités de production sont excédentaires, les parts de marché baissent) ou si l'on souhaite répercuter des baisses de coûts. Car la baisse des prix peut provoquer, outre la réaction de la concurrence, une dégradation de l'image, une diminution de la rentabilité, une infidélité de la clientèle (puisqu'on attire les clients qui sont surtout sensibles aux prix). Il est, en outre, difficile d'augmenter à nouveau un prix qui a été baissé ;
- *la hausse des prix* est, elle aussi, risquée, mais elle est nécessaire quand il faut répercuter des hausses des coûts, quand la demande est excédentaire ou quand l'entreprise souhaite monter en gamme d'image.

Il faut, ici, faire une remarque qui a son importance en matière de fixation des prix : même si les techniques de sondages, de tests ou d'études se sont sophistiquées au cours des trente dernières années, l'évaluation de la valeur perçue par les clients est une des variables les plus difficiles à quantifier. En clair, les tests consommateurs sur les prix, surnommés « *a priori* » ou « en laboratoire », sont très sujets à caution et très incertains. Pour prendre les décisions à chaque étape, le responsable du plan et le responsable financier auront à leur disposition, en dehors de leur jugement, les panels (s'ils existent), les comparatifs de prix, les relevés de prix par la force de vente, le contrôle de gestion et tout l'arsenal de l'intelligence économique (devis demandés aux concurrents, fournisseurs, clients des concurrents, etc.).

Mentionnons aussi qu'Internet est en train de rendre la sensibilité au prix beaucoup plus forte, car les clients ont accès à plus d'informations et de comparaisons. Pour certains biens, comme tous les produits *numérisables* (musique, livres, etc.), les technologies de l'information provoquent une baisse généralisée des coûts. Pour d'autres biens, elles font chuter les coûts de distribution. Enfin, de nouvelles techniques de vente se sont développées sur la Toile, tels que les enchères ou les groupements d'achat.

Modifier le prix par des actions spécifiques

Heureusement, la fixation du prix, même si elle est une étape capitale du plan marketing, n'est pas irréversible. Car les responsables marketing ou les dirigeants disposent d'autres moyens permettant de moduler le prix au cours de l'année :

- **les remises** : selon la quantité, la date ou les catégories sociales ; selon la livraison ou la distance ; selon la rapidité de paiement ;
- **les ristournes ou autres rabais** (voir le chapitre sur la communication et la promotion) ;
- **les conditions dites « commerciales »** (voir le chapitre sur la distribution) ;
- **le *yield management***, qui est l'optimisation de l'offre de services disponibles par une politique flexible du prix selon le moment de l'achat.

Récapituler la politique prix par une synthèse opérationnelle

Toute politique de prix, avant d'être décidée, passe donc par le questionnement suivant : *quels sont les objectifs généraux de l'entreprise en termes de rentabilité et de croissance ? L'entreprise souhaite-t-elle pénétrer ou écrémer le marché ? Quel positionnement l'entreprise a-t-elle choisi ? Quelle est l'élasticité de la demande au prix sur le marché et sur les segments sélectionnés ? Quel est le seuil de prix à partir duquel les coûts et les frais commencent à être couverts ? Quel est le plafond de prix au-dessus duquel les clients ne sont pas prêts à acheter le bien ou le service ? Quelle est la valeur perçue par les clients de l'offre produit actuelle ? Quel est le niveau de différenciation ? Quels sont les prix des concurrents ? Quelle est la politique de prix des concurrents (baisse, hausse ou maintien) ? Que décide-t-on in fine (hausse, baisse ou maintien) ? Que prévoit-on s'il faut moduler les prix (remises, promotions, différenciation selon les cibles ou le temps, etc.) ?*

La politique prix : synthèse et décisions

Sujets	Problèmes	Opportunités	Conséquences sur le prix
Situation actuelle sur les prix			
Objectifs généraux			
Positionnement voulu			
Élasticité à la demande			
Objectifs marketing sur les prix			
Seuil de rentabilité (analyse des coûts et frais)			
Valeur perçue par les clients			
Prix des concurrents			
Décisions	Baisse des prix	Maintien des prix	Hausse des prix

■ COMMENT CHOISIR LA POLITIQUE DE COMMUNICATION ET DE PROMOTION ?

Après le produit et le prix, le plan marketing va définir la politique de communication, qui est l'élément du *mix* le plus difficile à élaborer.

Comprendre les ressorts de la communication

Pour le grand public, le marketing est synonyme de publicité. En réalité, la publicité n'est qu'un des moyens, parmi d'autres, qu'ont les entreprises pour communiquer avec leurs cibles visées, en particulier, les clients actuels ou potentiels.

Communiquer, c'est transmettre des messages

Étymologiquement, communiquer c'est « mettre en commun » (du latin *communicare*). Mais, du point de vue d'un entrepreneur ou d'un commercial, communiquer, c'est « transmettre des messages » à un public spécifique. Ce que l'on nomme « communication » en marketing désigne donc « l'ensemble des moyens de communication » qui ont pour but de « délivrer » des messages et d'influencer le comportement du public visé.

Ciseler le message pour émerger du bruit

La communication, quel que soit le canal sélectionné, est une transmission de message, commercial en l'occurrence[1], entre, d'une part, un émetteur ou source (entreprise ou vendeur) et, d'autre part, un récepteur ou cible (client ou acheteur) par l'intermédiaire d'un canal (support ou média[2]). Le message est décodé par le récepteur qui répond à ce message ; cette réponse s'appelle le *feed-back*. En marketing, le *feed-back ultime*, c'est l'achat ou le non-achat. Ce mécanisme peut être visualisé par le modèle suivant, dit de Shannon et Weaver[3] :

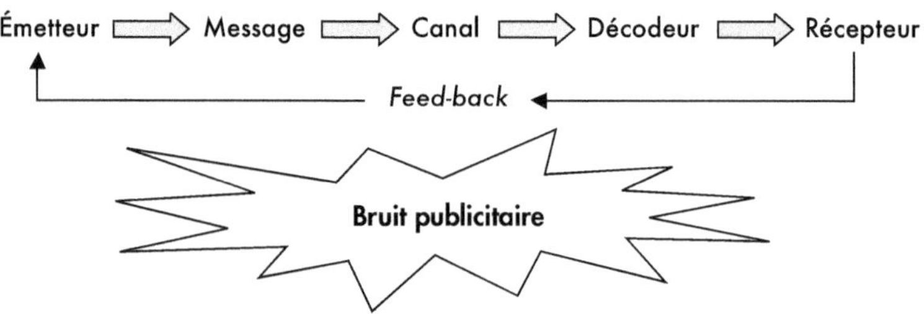

---

1. Mais, ce peut être un message politique, religieux, social, humanitaire, éthique, environnemental, idéologique, etc.
2. On peut dire un « medium » ou un « média » ; et les « media » ou les « médias ». Dans ce livre, par convention, nous franciserons le terme et utiliserons donc un « média », des « médias ».
3. Shannon et Weaver sont deux ingénieurs de Bell Telephone, considérés comme les « pères » de la théorie de l'information, qui, dans les années 1940, inventèrent ces concepts, en publiant *La Théorie mathématique de la communication*.

Signalons que la communication actuelle entre n'importe quel émetteur et n'importe quel récepteur se fait, désormais, dans un « bruit publicitaire » terrifiant et assourdissant[1]. Par conséquent, les responsables vont devoir peaufiner, ciseler et clarifier leur message, pour les rendre opérants et frappants.

Répondre aux cinq questions fondamentales

Monter une action de communication, c'est commencer par répondre à des questions simples (dites de Lasswell[2]) :

Qui dit ? Quoi ? Par quel moyen ? À qui ? Avec quel effet ?

Par exemple, prenons le message suivant, paru dans une annonce en presse magazine : « *La lessive Ariel lave plus blanc à basse température.* »

1. **Qui dit** ? On doit pouvoir identifier distinctement la marque, l'entreprise, le bien ou les services qui envoient le message : la lessive Ariel.
2. **Quoi** ? (*que veut-on dire ?*) C'est le message proprement dit : « *lave plus blanc à basse température* ». Souvent, c'est le bénéfice consommateur dominant.
3. **Par quel moyen** ? C'est le canal, ou support de communication, choisi pour véhiculer le message : la presse magazine féminine. Il existe, bien sûr, une multitude de canaux de communication (voir p. 119).
4. **À qui** ? C'est la cible visée : les acheteurs de lessive, souvent ménagères au foyer.
5. **Avec quel effet** ? Sur les ventes, l'image, la notoriété, le personnel, les clients, les non-clients, les profits.

---

1. Aux États-Unis, on estime que tout consommateur reçoit 3 000 messages publicitaires en moyenne chaque jour. Un Français doit recevoir au moins 1 000 messages de publicité par jour. Combien seront entendus ? Combien seront écoutés ? Combien seront retenus ? Combien seront appréciés ? Combien auront de l'impact ? Pour émerger de ce « brouhaha » publicitaire et promotionnel, il faut soit crier plus fort et plus longtemps que les autres (donc avoir beaucoup d'argent), soit créer des messages remarquables et pertinents (donc avoir beaucoup de créativité).
2. Harold Lasswell (1902-1978) est un sociologue américain qui a formalisé ce jeu de questions en 1948.

Le dernier point est décisif pour la direction générale, car la communication a un coût (ou est un investissement[1]). Et toute communication n'existe que par l'effet qu'elle suscite.

Agir à plusieurs niveaux

La communication en général, et la publicité en particulier, agit à trois niveaux : le cognitif (la connaissance ou notoriété), l'affectif (l'appréciation ou réputation) et le comportemental[2] (l'action ou achat). De manière plus précise, la communication sert à augmenter l'attention (notoriété), l'intérêt, le désir et l'achat : c'est le modèle AIDA[3] comme « Attention, Intérêt, Désir, Achat ».

La communication sert, tout d'abord, à attirer l'attention et à faire connaître la marque, l'entreprise, le bien ou le service ; c'est ce que l'on nomme la « notoriété ». Car, si on ne connaît pas un produit, on ne peut pas l'acheter. La notoriété est particulièrement décisive lors des phases de lancement des produits.

Mais la notoriété ne suffit pas. Ce n'est pas parce que l'on connaît une marque que l'on va l'acheter. Il faut, aussi, lui porter de l'intérêt, l'apprécier, voire l'aimer. La communication, en deuxième lieu, sert à stimuler l'intérêt porté par les clients pour la marque ; c'est ce que l'on appelle la « réputation ». Communiquer, c'est aussi construire une image positive des produits dans l'esprit des consommateurs.

Mais la réputation ne suffit pas. Ce n'est pas parce que l'on connaît et que l'on apprécie un produit que l'on va l'acheter. Il faut aussi le désirer ou en avoir envie. La communication sert donc aussi à donner envie et à susciter le désir. Car on peut aimer une marque, mais en préférer une autre. La communication d'une entreprise entre en concurrence avec les communications des concurrents.

Mais le désir ne suffit pas. Ce n'est pas parce que l'on connaît, apprécie et désire une marque que l'on va l'acheter. On peut acheter une marque que l'on désire encore plus ou qui est moins chère. La communication sert, *in fine*, à influencer ou modifier le comportement d'achat. Elle doit inciter à passer à l'action, en l'occurrence à l'achat. Cette dernière

---

1. Pour les comptables, la publicité reste un coût. Les marketeurs, eux, la considèrent comme un investissement.
2. Les spécialistes parlent de « niveau conatif » pour tout ce qui touche au comportement.
3. En anglais, AIDA signifie *Awareness, Interest, Desire, Action*.

étape est souvent la plus difficile à gagner. C'est ce qui fait de la communication une discipline complexe et exigeante.

Évaluer objectivement la communication actuelle

Avant de fixer les objectifs de communication, il faut réaliser une évaluation de la politique de communication actuelle, soit sur la base d'études chiffrées ou argumentées si on en a les moyens techniques et financiers (enquêtes, panels, études d'image, etc.), soit sur la base du jugement des responsables (le jugement, impartial, devra appréhender, par exemple, l'écart entre le positionnement voulu et le positionnement perçu, entre l'image souhaitée et l'image réelle). Cette appréciation de la communication portera sur :

- **la notoriété** absolue, relative (par rapport aux concurrents), assistée[1], spontanée[2] ou « citée en premier »[3] de la marque ou de l'entreprise ;
- **l'image** de marque (ou la réputation) absolue, relative et portant sur les attributs essentiels du produit, les bénéfices principaux attendus par les clients et promis par la marque ;
- **la part de voix**[4] actuelle et son évolution par rapport aux autres ;
- **les moyens de communication** utilisés et ceux des concurrents directs ;
- **l'écart entre le positionnement voulu et celui perçu.**

À partir de cette analyse de la situation, il va falloir « plonger », c'est-à-dire se fixer des objectifs de communication.

Se fixer des objectifs de communication

Bien entendu, les objectifs de communication sont inséparables des objectifs et des stratégies marketing : « *construire une image de marque forte* », « *augmenter la notoriété* », « *stimuler la présence au point de vente* ». Ainsi les objectifs de communication vont-ils non seulement dépendre, mais aussi découler directement du positionnement choisi : *qu'allons-nous vendre ? À qui ? Avec quel bénéfice ? Contre qui ?*

---

1. On cite des marques et on demande à la personne interrogée si elle les connaît.
2. On demande à la personne quelles marques elle connaît.
3. On note la marque que la personne a citée en premier ; c'est la notoriété *Top of mind* (TOM) en anglais ; très souvent la marque leader du marché a la meilleure notoriété TOM.
4. La part de voix est le montant des investissements publicitaires d'une marque rapporté aux dépenses de publicité du marché.

Définir la stratégie de communication

Définir la stratégie de communication, c'est répondre aux questions suivantes : *quel message va-t-on transmettre ? Quel canal allons-nous utiliser ? Quelle forme va-t-on donner au message ? Quel média va-t-on utiliser ? Combien va-t-on dépenser ?*

Élaborer un message fort et unique

Le contenu du message est, bien sûr, défini par l'entreprise, qui, ensuite, chargera une agence (de publicité, de design, d'emballage, de promotion ou de site Internet) de le concrétiser en une réalisation vendeuse. Le responsable marketing écrit la stratégie de communication dans un document que l'on appelle le **brief**[1] et qui sera soumis à une ou plusieurs agences (si le budget est mis en compétition).

Les messages confus génèrent le doute dans l'esprit des consommateurs. Une communication efficace, qui fait vendre, a un seul message ou une seule idée à transmettre : c'est la fameuse USP (*Unique Selling Proposition*), c'est-à-dire la « proposition unique de vente ».

Briefer précisément les agences

Le *brief* est le sésame à toute bonne création. Le *brief* doit indiquer où l'on veut aller et non pas ce qu'il faut faire. Il définit les objectifs (« *montrer que la marque X est le meilleur dentifrice contre les caries* ») et non pas les moyens car c'est l'agence qui proposera les moyens ou les solutions qui répondent aux objectifs. Il s'agira aussi de bien fixer les contraintes (budgétaires, techniques, juridiques ou marketing) et le calendrier. Car, contrairement à ce que le bon sens laisse supposer, c'est dans les plus grandes contraintes que l'on fait les meilleures créations ! Nous joignons en annexe les différentes rubriques du *brief*.

Valider la copie stratégie publicitaire

Pour transformer le message stratégique et théorique en un message publicitaire vendeur et concret, par des mots, des symboles, des images, une musique ou un slogan, l'agence va écrire, puis soumettre une copie stratégie[2] à l'annonceur. La copie stratégie a pour but de définir

---

1. Voir Philippe VILLEMUS, *Créations commerciales et publicitaires*, Éditions d'Organisation, 2004.
2. En anglais *copy strategy*.

le contenu de ce qu'il faut communiquer aux clients. Nous joignons en annexe les différentes rubriques de la copie stratégie.

Juger la création

Pour juger les propositions créatives développées par les agences, et pour choisir la plus pertinente et la plus vendeuse, les dirigeants ou les responsables marketing doivent suivre un cheminement intellectuel rigoureux en trois étapes.

Tout d'abord, **juger l'adéquation de la création avec la copie stratégie** : *est-ce que la création correspond à la cible visée ? Est-ce que la création communique le bénéfice consommateur ou la promesse produit ? Le bénéfice consommateur est-il évident, unique ? Est-ce que la création apporte la preuve du bénéfice ? La preuve est-elle crédible et factuelle (un exemple concret, un témoignage, la caution d'un expert) ? Est-ce que la création respecte la personnalité ou le ton de la marque ?* Attention, une création qui ne respecte pas la copie stratégie doit être rejetée, quels que soient ses autres mérites.

Ensuite, **chercher et juger l'idée de vente**. L'idée de vente constitue le « saut créatif » qui donnera de l'impact à la campagne : l'idée de vente est l'idée créative qui illustre le bénéfice consommateur. Par exemple, *« cette colle est très résistante »*, c'est le bénéfice ; *« montrer quelqu'un collé au plafond avec deux points de colle sous les talons des chaussures »*, c'est l'idée de vente. *L'idée de vente est-elle stratégique et compréhensible ? L'idée de vente est-elle étonnante ? Est-elle visuelle ? Est-elle impliquante et convaincante ? Est-elle spécifique ? Est-elle déclinable et mémorisable ?*

Enfin, **juger l'exécution**, car, sans bonne exécution, on ne tirera pas le meilleur d'une bonne idée de vente ; et une mauvaise exécution peut endommager, voire détruire, une bonne idée de vente : *l'exécution est-elle simple ? A-t-elle de l'impact ? Est-elle impliquante ? Communique-t-elle ce que l'on veut communiquer ? Est-elle bien signée (reconnaît-on la marque ?) ? L'exécution respecte-t-elle les contraintes spécifiques ?*

Produire et tester

Une fois la création choisie, il faut l'« exécuter », c'est-à-dire la produire. Il faut, si possible, tester et valider la campagne avant sa sortie auprès de la cible visée[1]. N'oublions pas que le coût de la production est très inférieur aux investissements médias ou aux coûts de transmission. Mais, qu'ils soient faits avant la sortie de la publicité (*pré-test*[2]) ou après (*post-tests*[3]), les tests de création publicitaire sont seulement des « réducteurs d'incertitude[4] » et ne garantissent pas le succès de la campagne.

Le processus de développement d'une campagne publicitaire

1. Fixer les objectifs de communication et la stratégie (la description des avantages du produit, la cible, le bénéfice consommateur, la preuve, la personnalité).

⇩

2. Briefer une agence : rappel de la stratégie, budget, calendrier et contraintes.

⇩

3. Jugement de l'adéquation par rapport à la stratégie, de l'idée de vente et de l'exécution.

⇩

4. Production de la création.

⇩

5. Test et validation de la création.

⇩

6. Sortie de la campagne.

Choisir le *mix* de communication

Il existe une multitude de moyens pour communiquer un message. En outre, avec le développement spectaculaire des nouvelles technologies de l'information, la palette de ces moyens s'est considérablement élargie.

---

1. En utilisant les services d'un institut spécialisé.
2. Les *pré-tests* (réunions de groupe, *folder tests* ou marchés tests) évaluent l'attention, l'intérêt positif, l'identification, la compréhension, la crédibilité, la suggestibilité.
3. Les *post-tests*, plus fiables, vont mesurer la notoriété, la reconnaissance, la mémorisation, l'attribution, l'image de marque.
4. Armand DAYAN, *La Publicité*, PUF, coll. « Que sais-je ? », 2003.

Moyens de communication au sens large

Marque	Nom, logos, symboles, signes, couleurs, emblèmes.
Publicité de mass media	Télévision, presse, radio, affichage, cinéma.
Internet	Bannières, sites, marketing viral et communautaire, affiliation.
Promotion des ventes	Essai, réductions de prix, loteries et jeux, primes et cadeaux, mises en avant et animations, promotions distributeurs.
Marketing direct	*Mailing, e-mailing, phoning, mobile marketing,* prospectus, SMS.
Relations publiques et presse	Colloques, visites, congrès, publications prestigieuses, invitations à des manifestations officielles, voyages d'études.
Salons, foires, expositions	Ainsi que l'événementiel.
Merchandising, PLV	Affichettes, mobilier, accessoires.
Conditionnement	Emballages primaires et secondaires.
Force de vente	Argumentation, matériel de présentation, voiture, tenue vestimentaire.
Parrainage	Événements sportifs, culturels ou autres, équipes, joueurs, compétitions.
Mécénat	Actions plutôt culturelles d'intérêt général, sans exploitation commerciale et avec avantage fiscal.
Siège social ou bureaux	Décoration des locaux, salle de réception et d'accueil, professionnalisme et sympathie du personnel.

Pour choisir le support de communication, il va falloir répondre aux questions suivantes : *quel canal allons-nous utiliser ? Va-t-on faire de la publicité ou de la promotion ? Si l'on choisit la publicité, quel média ? Si l'on choisit le hors-média, quel type de promotion ?* C'est ce que l'on appelle le *mix* de communication :

Le *mix* communication est l'ensemble des moyens complémentaires choisis dans une campagne de communication.

Le premier choix, par ordre chronologique s'entend, est celui qui doit être fait entre **le média** (télévision, presse, affichage, radio, cinéma et

Internet) et **le hors-média** (promotion, marketing direct, parrainage, événementiel, relations publiques, merchandising), entre ce que les Anglo-Saxons surnomment le *above the line* et le *below the line*[1]. En France, les dépenses hors média représentent le double des dépenses médias. Car, pour beaucoup d'entreprises qui opèrent hors du champ des produits de grande consommation et pour les PME, les coûts des médias sont inaccessibles. Elles concentrent donc la majeure partie de leurs budgets marketing sur le hors-média. Dans le *B to B*, la communication est presque uniquement faite en hors-média.

La publicité aurait des effets cumulatifs, rémanents et durables ; elle permettrait de construire sur le long terme une image de marque forte et positive, et donc de vendre plus cher (sous-entendu d'élever la rentabilité). Le hors-média aurait des effets ponctuels à court terme. Bien entendu, ce résumé peut sembler caricatural, car le hors-média est surtout complémentaire de la publicité : il permet de compléter le dispositif de communication en touchant certaines cibles restreintes, en contournant les limitations budgétaires (le hors-média est moins cher), en favorisant et renforçant la proximité avec les clients, en contournant des contraintes juridiques (certains produits n'ont pas le droit de faire de la publicité), en soutenant ou complétant le message publicitaire, en réagissant à une attaque concurrentielle.

Il s'agit donc de définir la meilleure combinaison de tous les moyens de communication à disposition de l'entreprise, susceptibles d'optimiser les budgets alloués en fonction des objectifs, du cycle de vie, de la position sur le marché et de l'avantage concurrentiel des produits.

Selon les objectifs

Le choix des moyens de communication dépend, tout d'abord, des objectifs visés. Certains canaux sont meilleurs que d'autres pour créer de la notoriété. D'autres, quand il s'agit d'augmenter les ventes à court terme. D'autres encore, pour améliorer l'image à long terme. Il faudra aussi savoir si l'objectif de la communication est de fidéliser les clients actuels ou de conquérir de nouveaux clients.

---

1. Ces expressions amphigouriques sont nées chez Procter & Gamble, où l'on avait l'habitude de présenter les dépenses de publicité (média) et hors média dans un tableau : une ligne séparait les dépenses médias situées au-dessus (*above*) de cette ligne et les dépenses hors média sous (*below*) la ligne.

Choix des actions de communication en fonction des objectifs

Objectifs	Moyens les plus pertinents
Accroître la notoriété.	Publicité grand public et événementiel si cible spécifique.
Construire ou améliorer l'image de marque.	Publicité, Internet, événementiel.
Augmenter les ventes à court terme.	Promotions, marketing direct, Internet.
Fidéliser.	Publicité, promotions (prime), marketing direct, Internet, mobile marketing.
Conquérir de nouveaux clients.	Publicité et promotions (essai ou réduction de prix), Internet.
Stimulation des points de vente.	Promotions, merchandising, PLV.

Selon la situation sur le cycle de vie

Au fur et à mesure du vieillissement du produit, la promotion prend, peu à peu, le relais de la publicité :

- en phase de lancement, on privilégiera la publicité et la promotion essai ;
- en phase de développement, la publicité et un peu la promotion ;
- à la maturité, publicité, promotion et marketing direct ;
- en phase de déclin, on arrête les investissements médias et on soutient seulement par le hors-média.

Selon la position et l'avantage concurrentiel

Si la part de marché est forte ou si le produit est leader, la firme aura intérêt à investir plus en publicité qu'en hors-média ; au contraire, si la part de marché est faible, il faudra investir en promotion des ventes. Si l'avantage concurrentiel de la firme est fort, la priorité sera donnée à la publicité pour communiquer sur cet avantage. Si la marque n'a pas de vrai avantage concurrentiel, et si le produit est peu différencié, elle devra miser, avant tout, sur la promotion et d'autres techniques hors média.

Bien entendu, le choix dépend aussi de la cible visée, des caractéristiques du produit (certains biens, les vêtements par exemple, ont besoin d'être vus) et des caractéristiques du message à communiquer.

Selon l'efficacité des moyens de communication

Les différents moyens de communication ont tous des avantages et des inconvénients[1].

Choisir le média publicitaire

Si l'on décide de faire de la publicité, il va falloir choisir le média.

Fixer les objectifs médias

La publicité, c'est l'insertion payante et identifiée d'un message commercial ou promotionnel dans un des six grands médias (télévision, presse, radio, cinéma, affichage et Internet). Avant de choisir sur quel média on va transmettre le message, il faut fixer les objectifs médias : *à qui s'adresse la publicité ? Où doit-elle passer ? Quand doit-elle passer ? Quel est le budget disponible ? Quel est le budget minimal pour communiquer sur le média[2] ? Quelle est l'audience du média ?*

Ensuite, il faudra choisir entre une stratégie de pénétration, qu'on appelle la « couverture » (le nombre de personnes exposées au moins une fois au message[3]), ou de répétition, qu'on appelle la « fréquence » (le nombre de fois qu'une personne recevra en moyenne le message). En pratique, les entreprises cherchent à maximiser la couverture et la fré-quence ; pour mesurer la pression publicitaire on calcule le GRP (*Gross Rating Point*) qui est égal au taux de couverture multiplié par la répétition moyenne.

Pour sélectionner les médias, on commence, tout d'abord, par éliminer les médias qui ne conviennent pas pour des raisons juridiques ou réglementaires (pas d'alcool et de tabac en télévision, par exemple) ou budgétaires (la télévision demande un gros budget de plusieurs millions d'euros au minimum). Ensuite, on se fixe des critères de choix parmi les médias restants comme :

- l'adéquation à la cible visée ;
- l'adéquation au produit ;
- l'adéquation au budget ;

---

1.   Voir en annexe « L'efficacité des moyens de communication selon AIDA ».
2.   On sera obligé, ici, de calculer le nombre de GRP minimaux permettant d'émerger du bruit publicitaire.
3.   La couverture est aussi le pourcentage de la cible qui verra ou entendra le message.

	Efficacité	Points forts	Points faibles
Publicité	• pour créer de la notoriété, puis de l'image.	• fort impact visuel, cible large, message répété.	• pas d'interactivité, impersonnelle, peu flexible.
Relations publiques	• pour la notoriété.	• crédible, fort impact, moindre coût, cible difficile à atteindre.	• perte de contrôle du message, erreur de cible possible.
Promotion des ventes	• pour stimuler les ventes et la distribution ; • pour l'achat et le désir.	• effet direct sur les ventes.	• effet court terme, très coûteux, peut abîmer l'image de marque.
Parrainage	• d'événements sportifs, culturels, sociaux, d'équipement, de causes ou d'équipes ; • pour la notoriété et un peu l'image.	• construit la crédibilité et la réputation.	• coûteux, peu mesurable, peu efficace sur l'achat.
Création d'événements	• pour l'image ou la notoriété selon la manifestation.	• maîtrise de la communication et du message.	• coûts pour faire connaître l'événement.
Marketing direct	• pour l'achat et le désir.	• service personnalisé, très ciblé, moins de gaspillage du budget promotionnel.	• peu discriminant, coûteux, peut générer du scepticisme.
Force de vente	• pour l'achat et le désir.	• flexible, adaptable aux situations individuelles, interactive, construit la relation avec le client, utile pour comprendre, répondre et contourner les objections à l'achat.	• coûteux, très dépendant des compétences du vendeur.

- **l'adéquation au type de distribution** (les produits de grande consommation et la télévision) ;
- **le type de message** (l'affichage est fait pour des messages simples, la presse peut véhiculer des messages plus complexes) ;
- **le choix de la concurrence** (il vaut mieux ne pas parrainer la météo si le concurrent direct le fait déjà) ;
- **le délai de réaction recherché** ;
- **le temps dont on dispose.**

Choisir en fonction des caractéristiques de chaque média

Chaque média, en fonction de l'audience par exemple, a ses forces et faiblesses.

La télévision est le média le plus puissant, mais aussi le plus cher[1], et le mieux adapté aux produits de masse. La multiplication des chaînes, sur le câble ou le satellite, offre aujourd'hui de nombreuses opportunités aux budgets plus modestes.

La presse, qu'elle soit quotidienne, hebdomadaire, pluriannuelle, nationale, régionale, magazine, gratuite ou professionnelle, a une forte fidélité de son lectorat. C'est aussi un média impliquant et très segmentant, et dont on connaît assez précisément le nombre de lecteurs.

L'affichage[2] est le média de masse par excellence. Peu précis sur la cible (hormis la sélectivité géographique), il est très souple d'utilisation dans ses formats, avec une forte audience ; très adapté aux lancements ou aux événements sur les marques. Mais il exige un message très créatif, bien exécuté ; de plus, la mesure de son audience est très incertaine.

La radio est le média le plus sélectif en fonction du type de radio et des heures d'écoute. C'est aussi le média le moins onéreux, mais, sûrement, le moins efficace, puisque l'attention est moins soutenue : c'est le seul média qu'on puisse écouter en faisant autre chose !

Le cinéma est typiquement le média des jeunes, des citadins et des catégories socioprofessionnelles élevées. Son impact est très fort puisque le

---

1. Attention, le coût d'un média ne se calcule pas seulement dans l'absolu (le prix à payer pour insérer un message dans un magazine ou dans un écran publicitaire à la télévision), mais en fonction de l'audience ; on utilise, pour comparer les coûts des divers médias, le fameux « coût aux mille », c'est-à-dire le coût pour toucher mille personnes de la cible.
2. On distingue traditionnellement l'affichage mural (en ville), l'affichage routier, l'affichage sur les transports (gares, aéroports, métro) et l'affichage « abribus » et mobilier urbain.

public a payé sa place. Mais c'est le plus cher au coût aux mille[1] (outre la réalisation du film et des copies).

Forces et faiblesses des grands médias traditionnels

Média	Forces	Faiblesses
Télévision	• puissance ; • développe la notoriété ; • attire l'attention ; • produits de masse.	• coût élevé dans l'absolu sauf chaînes spécifiques ; • délai de réservation long ; • faible sélectivité.
Presse quotidienne	• fidélité du lectorat ; • sélectivité géographique (presse locale).	• qualité du support médiocre ; • durée de vie limitée des messages.
Presse magazine	• forte sélectivité ; • construit l'image de marque.	• délai d'achat ; • coûteux au lecteur touché.
Affichage	• flexibilité géographique ; • événementiel ; • produits de masse.	• faible attention ; • sélectivité faible en termes de cible ; • contraintes créatives.
Radio	• très sélectif ; • moindre coût.	• moindre impact.
Cinéma	• fort impact ; • construit l'image ; • pour les jeunes.	• très coûteux ; • pénétration faible ; • délai de réservation long.

Choisir Internet comme moyen de communication

En 2008, on estime qu'Internet représente près de 10 % des investissements publicitaires mondiaux. Mais, d'ici à 2020, les dépenses en ligne pourraient peser plus de 25 %. Autant dire qu'Internet est devenu un moyen de communication incontournable pour toutes les entreprises. Internet va sans doute permettre de mieux corréler les investissements de communication avec les résultats de vente. Ainsi sont apparues de nouvelles techniques de communication sur la Toile :

• **les bannières et les clics payants** : l'entreprise qui communique ne paye que si le client clique sur l'annonce ;

---

1. Le coût du passage au cinéma pour mille contacts (spectateurs).

- **le marketing viral** : il consiste en la création d'un message marketing dans l'intention que le client l'envoie à quelqu'un de son entourage ;
- **les promotions de pré-lancement** : Internet est un média idéal pour les *teasers*, qui annoncent les lancements de produits nouveaux.

Même si certains contestent l'efficacité de la publicité sur Internet, celle-ci offre de nombreux avantages : elle est plus interactive, plus pointue, extrêmement flexible et pas chère !

Utiliser la promotion des ventes avec pertinence

La promotion est souvent incontournable

La promotion est une action marketing temporaire, qui cherche à stimuler l'achat d'un produit au-delà des caractéristiques et des bénéfices inhérents au produit lui-même. On peut distinguer la promotion consommateur et la promotion distributeur. La promotion a mauvaise réputation, car « *ça ne peut pas être bon si c'est gratuit* ». Certes, la promotion a un effet à court terme, mais elle est souvent nécessaire lors des lancements. Pour les PME ou TPE, elle est même incontournable, car elle est le seul moyen pour ces entreprises de faire connaître et essayer leurs produits.

Connaître les six grands types de promotions

Dans ce livre, nous distinguons six grands types de promotion, mais, bien sûr, l'imagination des gens de marketing dans le domaine des promotions est sans limite[1].

Les réductions de prix visent à offrir un avantage temporaire sur le prix du produit vendu. Elles permettent à la fois de conquérir des nouveaux clients en réduisant le risque lors du premier achat et de fidéliser les clients actuels en les incitant à stocker le produit. Parmi ce type de promotion, on trouve : les offres spéciales (« *– 10 % sur le prix* »), les ventes groupés (« *huit pour le prix de six* »), les remboursements (« *un euro remboursé contre trois preuves d'achat* »), les coupons (« *bon de réduction immédiate ou à valoir sur le prochain achat* »), les quantités de produit en plus (« *20 % de produit gratuit en plus* », les produits dits « girafes »),

---

1. Les dernières inventions sont, par exemple, les *charity promotions*, qui consistent à reverser une fraction déterminée du prix des produits à une cause humanitaire.

« *satisfait ou remboursé* », les cartes de fidélité (« *une pizza gratuite au bout de dix achetées* »).

Les primes offrent des avantages qui sont distincts du bien ou du service. Selon l'attractivité du cadeau et le mécanisme pour l'acquérir, elles vont soit fidéliser les acheteurs, soit en conquérir de nouveaux. Ce type de promotion est très réglementé en France (en principe, la valeur de la prime ou du cadeau ne doit pas dépasser 5 % du prix de vente du produit). Les primes sont soit directes (« *un DVD offert pour l'achat d'un salon de jardin* »), soit différées (« *un verre offert pour dix packs de vin achetés* »). On y trouve aussi des primes autopayantes (on propose un article à prix avantageux), l'échantillonnage (on remet un échantillon gratuit pour tout achat d'un produit), l'emballage spécial (l'emballage a été transformé pour la promotion ; une boîte de biscuit métallique décorée, une édition limitée), le parrainage promotionnel (un cadeau offert à un client qui fait acheter le produit par une autre personne), etc.

Les promotions « essai » visent à diminuer le risque lié à l'achat pour inciter à l'essai. Cela peut être des échantillons, des dégustations gratuites (« *goûtez le nouveau chocolat Lindt* »), un essai gratuit (« *venez essayer la nouvelle Citroën* »), des démonstrations (« *venez découvrir le nouvel écran plasma Sony à la Fnac* »).

Les jeux et concours s'appuient sur l'appât du gain des clients. Ces promotions cherchent à renforcer l'image ou rendre sympathique la marque. Elles peuvent aussi agir sur la notoriété. Ce sont les loteries (par tirage au sort, avec ou sans obligation d'achat : « *un voyage à gagner au rayon pâtes* »), les concours (« *répondez aux trois questions et gagnez un autoradio* »).

Les mises en avant et les animations visent à dynamiser les achats en favorisant l'exposition au point de vente et la prise en main : tête de gondole, stand de dégustation, démonstratrices. L'animation a parfois lieu en dehors du magasin (sur le parking, dans la galerie marchande, sur la plage, au bas des pistes de ski).

Les promotions distributeurs ont pour but de faciliter le référencement du produit, d'accroître le stock (stratégie *push*), d'augmenter la part de linéaire ou l'emplacement, d'obtenir des têtes de gondole ou des animations, ou de soutenir une promotion consommateur à laquelle elles sont très souvent associées. En dehors des remises financières sur factures ou hors facture, cela peut être des cadeaux, des concours (« *un voyage pour le grossiste qui a le plus vendu* »), des invitations à des spectacles sportifs ou culturels.

Élaborer la promotion

Pour concevoir la promotion, il faut d'abord, comme toujours, fixer les objectifs (image, notoriété, stimulation des ventes en magasin, etc.). En général, il y aura les actions qui fidélisent les clients actuels, et celles qui conquièrent des clients nouveaux. Ensuite, si l'on utilise une agence de promotion, il faut écrire un *brief* promotionnel sur le modèle du *brief* publicitaire, mais, bien sûr, centré sur les objectifs promotionnels et les techniques utilisées par les concurrents. Il faudra préciser la période de promotion, les lieux de promotion, le budget alloué, les chiffres de vente additionnelle attendus (par rapport au chiffre d'affaires, qui serait réalisé sans promotion) et le délai des soumissions des propositions.

Sélectionner les promotions

Le choix de la promotion se fait sur quatre critères :

1. **Pertinence par rapport aux objectifs** : *est-ce que la promotion répond aux objectifs fixés ?*

2. **Pertinence par rapport à la stratégie** : *est-ce que la promotion est en cohérence avec la stratégie (fidélisation ou pénétration) ?*

3. **Pertinence par rapport aux autres promotions qui auraient pu être envisagées** : *est-ce que la promotion est plus efficiente (efficacité et coût) que les autres promotions ?*

4. **Le retour sur investissement** ou *payback* : *combien va coûter et rapporter la promotion ? À partir de quel chiffre d'affaires additionnel la promotion sera-t-elle remboursée ?*

Après que le choix a été fait, il faut présenter la promotion à la force de vente. À la fin de l'opération, on évaluera la promotion : son impact sur les ventes et sa rentabilité (comparaison entre les coûts et la marge générée par les ventes supplémentaires, réduites de la dépression[1] promotionnelle).

---

1. Dans la plupart des cas, la promotion provoque un « pic de promotion », c'est-à-dire une augmentation brutale des ventes, qui est, hélas, suivi d'une « dépression promotionnelle » : les ventes chutent en dessous de leur niveau de croisière (par exemple, les produits ont été stockés en lots, contenant deux paquets de biscuits gratuits sur douze).

Miser sur la relation client avec le marketing direct

Le marketing direct est interactif, individualisé et fidélisant

À côté du marketing de masse indifférencié, on a vu se développer, depuis vingt ans, un marketing plus « relationnel ». La puissance des technologies favorise une personnalisation de la relation avec le client, pour mieux le fidéliser. Car la fidélisation des clients est une des ambitions majeures d'un plan marketing performant. Les entreprises cherchent à orienter leurs actions, de plus en plus, vers le client individuel, pour faire – ou donner l'illusion – du « sur-mesure ». Le marketing direct est une communication interactive et individualisée qui cherche à obtenir une réponse du client. Les buts principaux de cette communication directe sont d'inciter le prospect à :

* répondre à un message pour acheter un produit, recevoir de l'information ou la visite d'un représentant, participer à un jeu ou un concours, etc. ;
* se déplacer sur un lieu de vente ou de démonstration ;
* demander de l'information.

Connaître les supports du marketing direct

Les principaux supports utilisés pour véhiculer un message de marketing direct sont :

* **le mailing ou publipostage** à partir d'un fichier plus ou moins ciblé ;
* **le phoning ou démarchage téléphonique** ;
* **la distribution de catalogues, prospectus** ou dépliants sans adresse ;
* **le démarchage à domicile** ou porte-à-porte (de moins en moins utilisé) ;
* **les médias classiques,** en particulier la presse ;
* **Internet,** avec **l'e-mailing,** qui prend le dessus sur les autres supports ;
* **la messagerie vocale,** l'envoi de **SMS.**

Élaborer l'action de marketing direct

Une des premières étapes est la constitution des fichiers : en interne, en libre accès (annuaires), par achat, en location ou en utilisant les médias (parutions d'annonces). Ensuite, il va falloir gérer et entretenir en permanence ce fichier. Enfin, le message envoyé devra bien sûr répondre, sur le fond et la forme, aux règles de la création publicitaire décrites ci-dessus : impact, clarté, simplicité, conviction, preuve, bénéfice, ton et personnalité. Lors de l'envoi du message, on peut y joindre un cadeau, un échantillon, une prime directe, un coupon pour un essai gratuit, etc. Le marketing direct peut avoir un impact immédiat sur les ventes. En outre, il est très facile d'en mesurer l'efficacité, puisqu'il suffit de calculer le taux de réponse[1], les coûts engendrés et le chiffre d'affaires généré. Mais, sur le moyen terme, il peut ternir l'image de marque en habituant les clients à recevoir des cadeaux. Dans le *B to B*, il permet de préparer et d'accompagner les actions de la force de vente en créant du trafic dans les magasins, en permettant de construire des bases de données (de clients potentiels qualifiés) ou en fournissant des rendez-vous de vente qualifiés.

Le marketing direct en ligne (l'e-mail marketing) ou par téléphone mobile, plus interactif, s'est développé de manière exponentielle ces dernières années et ce, pour plusieurs raisons. Tout d'abord, il est très rapide à mettre en œuvre, et il est économique, voire gratuit. Il permet, ensuite, d'enrichir sur la forme le message (par des films, des musiques, des animations, des liens vers d'autres sites) et d'être plus « créatif ». La campagne d'e-mail marketing peut être améliorée en permanence en fonction du taux de réponse. Enfin, les taux de retour s'avèrent beaucoup plus élevés que le marketing direct postal.

Ne pas négliger les autres formes de communication hors média

Renforcer l'image et la notoriété par les relations publiques ou presse (RP)

Les relations publiques ne visent pas à augmenter les ventes à court terme, mais à créer ou renforcer la notoriété ou l'image de l'entreprise auprès de « publics » individualisés, comme les journalistes, les prescripteurs (les médecins), les financiers (les analystes), les milieux intellectuels (les enseignants), les milieux administratifs ou politiques (les RP s'apparentent alors au *lobbying*). Il s'agit de leur transmettre des informations et de les séduire. Dans le cas des journalistes, il s'agit, surtout, de les inciter à diffuser le message à d'autres personnes. Les relations publiques et presse s'organisent par des colloques,

---

1.   Rapport entre le nombre de réponses et le nombre de messages envoyés.

des congrès, des publications prestigieuses, des visites, des invitations à des manifestations officielles, des voyages d'études. Attention, les moyens traditionnels des relations presse (communiqués, dossiers, conférences ou interviews) ne sont efficaces que si l'opération est bien préparée en amont, si les informations sont sincères, et si l'on prend aussi en compte les intérêts des journalistes ! Notons également que les relations presse supposent de la continuité. Les RP sont recommandées quand la publicité sur les produits est interdite ou très encadrée, quand le secteur d'activité est « sensible », ou quand la presse est très prescriptrice de l'achat des produits (automobile, cosmétiques, spectacles, restauration, livres, etc.).

Annoncer la nouveauté par l'événementiel

La communication événementielle consiste à créer un événement pour accroître la notoriété et renforcer l'image. Les retombées seront, ensuite, exploitées en relations presse, motivation interne, relations publiques, promotion ou publicité. Il s'avère utile dans les cas de lancement d'un nouveau produit ou d'innovation forte. Il faut cependant être réaliste : l'événement n'intéressera les publics externes à l'entreprise que si le thème ou la nouveauté sont vraiment « originaux ».

Choisir le parrainage avec sagacité

Le parrainage (ou *sponsoring*) a pour but de faire connaître l'entreprise en soutenant un événement (sportif, culturel, social, etc.) ou une équipe, tout en y associant son nom. C'est, sans doute, un des investissements les plus risqués de toutes les formes de communication, mais qui peut aussi rapporter gros. En effet, les retombées dépendent beaucoup de la réussite de l'événement, de l'équipe, du sportif ou de l'artiste parrainés. La décision de parrainer un événement doit être prise sur des critères d'image (*l'image de l'événement est-elle en cohérence avec la nôtre ?*), de cible (*le public de l'événement appartient-il à notre cible ?*), de concurrence (*nos concurrents sont-ils dans un parrainage proche ?*) et de budget (*quel est le coût du sponsoring ?*). En outre, le parrainage engendre des coûts d'exploitation annexes élevés (dossiers de presse, achats de billets, frais de production, invitations, opérations internes, etc.).

On confond parfois, à tort, parrainage culturel et mécénat. *Stricto sensu* le « mécénat » est une action « d'intérêt général », sans « exploitation commerciale », et avec un avantage fiscal. Soumis à des règles très sévères, le vrai mécénat est plutôt réservé aux entreprises très riches.

Stimuler les ventes en magasin par le merchandising et la publicité sur le lieu de vente

Le merchandising ou la PLV contribuent à délivrer des messages et sont donc des moyens de communication hors média. La PLV fait partie du hors-média (*below the line*) car, contrairement à ce que laisse entendre son nom, le support de communication est ici le point de vente, dans lequel on place des affichettes, des banderoles, des stops rayons, des films, de la décoration spéciale, etc. Mais avec le bon vouloir du distributeur ! La politique de merchandising vise à optimiser l'exploitation du point de vente ou du linéaire où sont présentés les produits[1].

Fixer le budget de communication

La décision des budgets alloués à la communication repose toujours sur une incertitude : *quelle est l'efficacité réelle des investissements publicitaires et promotionnels ?* David Olgivy, un célèbre publicitaire américain, affirmait : « *Quand vous dépensez cent dollars en publicité, vous savez que la moitié ne sert à rien, mais vous ne savez pas de quelle moitié il s'agit.* »

Une fois les actions de communication définies, il va falloir les hiérarchiser par ordre d'importance stratégique (impacts attendus sur la notoriété, l'image, la fidélisation, la pénétration, le chiffre d'affaires, les coûts et le retour sur investissement ou *payback*). Ensuite, il faudra détailler le calendrier des actions, nommer ou identifier les responsables de ces actions et, bien sûr, écrire le budget détaillé par action et par mois et sur l'année.

---

1. Le travail de développement du merchandising et de la PLV est de la responsabilité de l'équipe marketing, mais sa mise en place relève de la force de vente, qui est alors évaluée sur les critères suivants : respect du plan merchandising, taille et part du linéaire alloué à l'entreprise, nombre de *facings* (la face avant d'un produit placé en linéaire), taux de rupture de stock, marge (en m² de linéaire, et totale du linéaire alloué), mise en place du matériel de PLV spécifique : présentoirs, affiches, bandeaux, panneaux, etc.

Dépenses de communication par mois en euros

	Jan.	Fév.	....	Nov.	Déc.	Total année
Frais de création						
Presse						
Affichage						
Promotion des ventes						
Marketing direct						
Relations publiques						
Parrainage						
Merchandising et PLV						
Total en euros						
Total en pourcentage						

Pour contrôler l'efficacité des actions de communication, il existe certains indicateurs-clés : l'évolution de la notoriété, de l'image, des parts de voix, les retombées presse, le nombre de demandes d'informations, de devis, de rendez-vous, le taux de retour des promotions (coupons) ou du marketing direct (enveloppes), le nombre de clics sur Internet. Les sources pour recueillir ces informations sont : les panels, les enquêtes, les piges publicitaires, les bases de données, le service marketing, les agences, la force de vente, le contrôle de gestion.

Récapitulatif du processus

Le développement de la politique de communication

Évaluer la communication actuelle

1. Fixer les objectifs de communication

Notoriété – Image – Chiffre d'affaires – Présence au point de vente – Fidélisation – Conquête

2. Définir la stratégie de communication

Message (fond et forme) – Cible – Canal – Budget

3. Briefer les agences

Avantages produit – Cible – Bénéfice consommateur – Preuve – Ton – Contraintes

4. Juger et choisir la création

Adéquation à la stratégie – Pertinence de l'idée de vente – Qualité de l'exécution – Test et validation

5. Choisir le *mix* de communication

Médias (télé, presse, radio, Internet, etc.) – *Hors-média* (Promotions, relations publiques, parrainage, etc.)
Juger la pertinence par rapport aux objectifs, à la stratégie et aux autres actions envisageables

6. Fixer les budgets et le calendrier par actions

Hiérarchisation des actions – Détail des actions et coûts par mois – Évaluation du *payback*

Exécution de la politique de communication

■ COMMENT CHOISIR LA POLITIQUE DE DISTRIBUTION ET DE VENTE ?

Après le produit, son prix et sa communication, il faut maintenant choisir sa distribution.

Définir son réseau

Les politiques produit et communication ne seront efficaces que si les biens ou services sont accessibles aux clients ou physiquement mis à leur disposition. La politique distribution veille à ce que les consommateurs trouvent le bon produit, à la bonne place, au bon prix, au bon moment, dans le bon magasin ou le bon site Internet et en bonne quantité. On pourrait ajouter à la bonne marge !

Le choix du réseau de distribution dépend d'un certain nombre de facteurs, selon que le client est le consommateur final ou une entreprise intermédiaire. Outre le réseau de distribution, le plan marketing indiquera aussi les actions-clés qui seront éventuellement prises sur la force de vente[1]. Car la relation avec les clients peut être un avantage compétitif en soi. Ajoutons aussi que les petites entreprises sont choisies par les distributeurs, plus qu'elles ne les choisissent.

Le premier choix qui se pose aux entreprises en matière de distribution est de décider si elles distribueront directement leur offre aux clients, ou si elles passeront par des intermédiaires (des revendeurs). Les deux principaux avantages des intermédiaires sont la couverture du marché et l'expertise dans le métier de la distribution (transport, stockage, informations, conseil, financement[2]). Les deux inconvénients majeurs sont que les distributeurs commercialisent aussi les produits des concurrents, et qu'ils sont maîtres du contact ou de la relation avec les clients.

Choisir le *push* ou le *pull*

Globalement, il existe deux stratégies de distribution éventuellement complémentaires :

* **la stratégie *push*** : l'entreprise cherche à « pousser » le produit vers le client final chez le distributeur (grâce à des remises quantitatives ou

---

1. Nous avons décidé de placer la force de vente dans la section consacrée à la distribution.
2. Les distributeurs achètent et stockent les produits avant que ceux-ci ne soient vendus aux consommateurs finaux.

des offres promotionnelles qui augmentent les stocks chez les distributeurs) ;

- **la stratégie *pull*** : l'entreprise cherche à stimuler la demande, à « tirer » le client final vers les produits dans les magasins.

Toute politique de distribution doit répondre à trois types d'objectifs :

- **la pénétration, ou couverture du marché,** qui vise à mettre les biens ou services à disposition du plus grand nombre de clients potentiels ;
- **les aspects qualitatifs** de la distribution : la cohérence des circuits avec l'image et le positionnement des biens ou services, le dynamisme des distributeurs, la qualité du merchandising et du service après-vente des distributeurs ;
- **les coûts générés** par ces réseaux de distribution (référencement, promotions, remises, ristournes, etc.).

Choisir entre distribution intensive, sélective ou exclusive

Dans la distribution intensive ou ouverte (Carrefour ou petits détaillants, par exemple), l'objectif est d'avoir le plus grand nombre possible de points de vente qui commercialisent le bien ou le service, plutôt de consommation courante. Elle est peu coûteuse et permet une pénétration rapide et large du marché. En revanche, elle accroît la concurrence au point de vente et fait perdre la maîtrise du contact avec les clients.

Dans une distribution sélective ou semi-ouverte (Sephora, par exemple), l'objectif est de distribuer les produits de consommation spécifiques à forte image de marque (luxe) dans peu de points de vente. Elle renforce l'image et permet de choisir les magasins en fonction de la concurrence. Mais elle peut freiner la croissance.

Dans une distribution exclusive ou fermée (les magasins Hermès, par exemple), l'objectif est d'éviter la concurrence au point de vente pour des produits de consommation spécifiques. Le canal de distribution est composé de magasins « en propre » (appartenant à l'entreprise parfois). Cette approche permet de maîtriser la relation avec les clients, de préserver ou renforcer l'image et les marges. Mais elle est très coûteuse et peut freiner la croissance des ventes.

Les points forts et points faibles des trois types de distribution

Type de distribution	Points forts	Points faibles
Intensive	• moindres coûts ; • pénétration rapide et large du marché.	• concurrence accrue au point de vente ; • perte du contact client.
Sélective	• renforcement image ; • possibilité de choisir en fonction de la concurrence.	• frein à la croissance.
Exclusive	• maîtrise du contact client ; • renforcement image ; • marges élevées.	• coûts élevés ; • frein à la croissance.

Neuf critères pour choisir son canal de distribution

Nous conseillons de sélectionner le ou les canaux de distribution avec les critères suivants :

1. Selon les objectifs de croissance (pénétration forte du marché, par exemple), **de rentabilité** (nécessité de garder des marges hautes) **et d'image** (préservation du positionnement haut de gamme ou luxe).

2. Selon les besoins ou comportements des clients : *où habitent-ils ? Où font-ils leurs achats ? Quand achètent-ils ? Avec quelle fréquence ? Combien achètent-ils (quantité) ? Veulent-ils beaucoup de choix ? Que recherchent-ils comme services sur le point de vente (conseil ou self-service) ?*

3. Selon le type et les caractéristiques du produit :

• **la nature du produit** (poids, volume, taille, délai de conservation ou consommation) : un produit alimentaire périssable exige un circuit rapide et protégé ; des volets roulants sont plutôt achetés chez des installateurs ; les fleurs chez les fleuristes ;

• **les contraintes juridiques** : certains médicaments chez les pharmaciens ou les cigarettes dans les bureaux de tabac ;

• **le prix unitaire** : plus le prix est élevé, plus le circuit pourra être sélectif ;

• **le degré de technicité** : les systèmes d'ouverture centralisés de la maison exigent une distribution spécialisée ; l'informatique des canaux où il y a du conseil.

4. Selon l'image et le positionnement : un produit sophistiqué ou luxueux doit absolument éviter la grande distribution et chercher la sélectivité pour pouvoir être vendu cher.

5. Selon les clients visés : non seulement en termes de revenus, mais aussi de nombre (si clients nombreux : distribution de masse ; si clients peu nombreux : distribution sélective ou exclusive ; si clients spécifiques : distribution sélective).

6. Selon les concurrents : des produits banalisés doivent choisir les mêmes circuits que les concurrents ; en revanche, des produits différenciés ou plus chers doivent se tourner vers des circuits différents.

7. Selon les canaux eux-mêmes : *ont-ils une bonne couverture ? Ont-ils une bonne image ? Quelles sont les compétences de leur personnel ?*

8. Selon les coûts et la rentabilité : *quel est le coût de référencement ? Quels sont les coûts de gestion ? Au total les marges dégagées pour l'entreprise dans ce circuit couvrent-elles les coûts du circuit ?*

9. Selon les risques de conflits futurs : entre l'entreprise et son distributeur, si celui-ci ne respecte plus les prix de vente ou dégrade l'image ; entre l'entreprise et d'autres distributeurs, mécontents de voir le produit vendu dans ce circuit.

Évaluer le distributeur

Dans tous les cas, il faut évaluer le distributeur avec qui on va travailler. Certains distributeurs ont une solvabilité faible, surtout s'ils sont petits. D'autres, au contraire, sont trop puissants pour les PME. Avant toute contractualisation, il s'agit donc de clarifier les points suivants :

- emplacement du point de vente ;
- agencement du point de vente ;
- assortiment ;
- gestion des stocks ;
- présentation des produits ou merchandising ;
- prix (marges du distributeur) ;
- services ;
- expertise du personnel.

Mentionnons aussi que la tendance est d'éviter l'affrontement avec les distributeurs ou de chercher à les contourner. Parmi les « astuces » utilisées figurent :

- l'ECR : *Efficient Consumer Response* (réponse efficace au consommateur), qui est une organisation entre le distributeur et l'entreprise visant à accroître la productivité de la distribution des produits ;
- l'EDI : **échange de données informatisées** qui passe par l'interconnexion des systèmes informatiques entre fournisseurs et distributeurs ;

- **le *Category management*,** qui consiste à gérer le produit par destination (le petit-déjeuner), et non par familles similaires (biscuits salés ou sucrés) ; la gestion est alors confiée à la même personne.

Développer le plan de distribution

Le plan de distribution se conçoit en trois étapes : d'abord, les objectifs, puis, la stratégie et enfin le calendrier des actions.

1. Objectifs de distribution, c'est-à-dire établir des objectifs de distribution quantifiables pour :

- la DN (distribution numérique : nombre de points de vente qui commercialiseront le produit ; elle est exprimée en pourcentage des magasins qui le détiennent) ;
- la DV (distribution valeur : le poids que représentent les magasins détenteurs du produit dans les ventes globales de la catégorie de produit ; la DV montre si le produit est présent dans les magasins à fort chiffre d'affaires) ;
- la part de linéaire pour les biens matériels ;
- le type de points de vente.

2. Stratégies de distribution : ces stratégies doivent décrire comment seront atteints les objectifs de points de vente :

Pour les services	Pour les biens
Décrire les critères ou la méthodologie pour pénétrer le marché ou accroître le nombre de points de vente.	Décrire la DN et DV. Comment se fera la croissance de DN/DV ?
Si on choisit d'accroître la couverture, détailler si cela sera fait à grande échelle systématiquement ou au cas par cas.	La part de linéaire.
Si on change de type de distribution, décrire comment seront faits les changements d'un magasin à un autre.	Fera-t-on du *push* ou du *pull* ?
	Comment pénétrera-t-on dans les nouveaux magasins : la gamme entière ? les meilleures ventes ? Quel merchandising ? Quelle PLV[1] ? Quel niveau de stock ? Quel prix ?

3. Calendrier de distribution : quand seront atteints les objectifs de distribution ? Par exemple : « *Atteindre 50 % de DV avant fin décembre.* »

---

1. PLV : publicité sur le lieu de vente.

Décider de vendre ou pas sur Internet

On ne peut aujourd'hui aborder les problèmes de distribution sans parler d'Internet. Beaucoup ont cru que le **« commerce électronique »**, ou le **« commerce mobile[1] »** demain, allait supprimer les intermédiaires. En réalité, ce que l'on appelle la « désintermédiation » ne signifie pas la fin du transport, du stockage ou de l'éclatement des produits. Ce qui est certain, c'est que la logistique perdurera toujours, même si le produit est acheté en ligne. Beaucoup de distributeurs traditionnels sont aussi devenus des commerçants en ligne (la Fnac, par exemple). Tandis que l'on a vu apparaître des entreprises qui vendent seulement sur Internet (Amazon) ou de nouveaux intermédiaires (par exemple, des courtiers en ligne). Même si certains consommateurs sont encore réticents à acheter en ligne, cette forme de commerce finira sans doute, selon nous, à devenir majoritaire en poids des échanges, quand les « générations informatiques » arriveront à maturité. Toute entreprise bâtissant son plan marketing doit donc avoir de solides raisons si elle refuse de vendre aussi sur Internet.

Le multicanal, stratégie gagnante ?

En réalité, la stratégie gagnante aujourd'hui en distribution est le multicanal : l'entreprise dispose, ainsi, de plusieurs voies pour amener le produit aux clients. Par exemple, pour un parfumeur : magasins en propre, parfumeries sélectives, grands magasins, site Internet, VPC. Dell fait l'essentiel de ses ventes sur Internet en raisons des économies que cela génère, mais Dell a gardé une force de vente qui visite les grands comptes. Le multicanal répond à trois objectifs en parallèle : il permet d'accroître le niveau de services aux clients, de fidéliser ces derniers, de développer les ventes et de recruter de nouveaux clients.

Fixer les objectifs de la force de vente

Dans le plan marketing, en principe, on ne mentionne pas tout ce qui touche à la gestion proprement dite de la force de vente (sélection, formation, rémunération, statut, animation, accompagnement et contrôle). Mais il faut veiller à ce que les objectifs ou les missions confiés aux vendeurs, qu'ils soient « internes » ou « externes », contribuent à l'atteinte

---

1. Déjà très fort au Japon, le *m-commerce* permet d'acheter des produits, *via* son téléphone portable, par exemple.

des objectifs marketing. Il n'y a rien d'humiliant à écrire que la force de vente n'est qu'un des bras armés du marketing de l'entreprise. Car la réussite du plan marketing repose en partie, voire totalement dans certaines PME, sur la performance des « commerciaux[1] ». Le plan de vente précisera les missions des vendeurs, la structure et la taille de la force de vente, la rémunération des vendeurs et surtout les objectifs quantifiés ou précis.

Le plan de vente

Les missions	• **prospection** : élargir la clientèle (*combien de nouveaux clients par an ?*) ; • **acte de vente** : prendre les commandes (*combien de commandes par jour et pour quel montant ?*) ; • **information** : du client vers l'entreprise (*données sur la concurrence, besoins des clients*) ; • **communication** : de l'entreprise vers le client (*que doit dire ou montrer le vendeur aux distributeurs et avec quels outils ?*) ; • **service et suivi** : fidéliser la clientèle (*quel est le taux de satisfaction ? Combien de distributeurs sont perdus par an ?*).
La structure de la force de vente	• par zone géographique, par produit, par type de clientèle (entreprises, particuliers).
La taille de la force de vente	• analyse de la charge de travail et productivité moyenne par vendeur.
La rémunération des vendeurs	• fixe ou variable ; • remboursements de frais ; • avantages annexes (voiture) ; • bonus sur objectifs (en principe le bonus principal est fixé sur l'objectif commercial ou marketing numéro un).
La fixation des objectifs de vente	• nombre de clients visés ; • nombre de prospects visités et conquis ; • en GMS ou concessionnaires : DN, DV, nombre de produits référencés, parts de linéaire, nombre d'actions promotionnelles (TG, opérations spéciales hors rayon, etc.) ; • si ventes en direct aux utilisateurs (*B to B*, banques) : nombre de prospects contactés, nombre de rendez-vous avec les clients actuels, planification, nombre de réponses aux devis ou appels d'offres ou demandes de devis, suivi des clients.

1. Il existe quatre types de « prospection-vente » : la vente aux distributeurs (représentants vers les détaillants), la prospection des prescripteurs (visiteurs médicaux), la vente à dominance technique (vers les entreprises ou les particuliers) et le démarchage (des clients nouveaux).

Plan d'actions commerciales pour un vendeur

Objectifs	Par segment ou marché	Par produit	Par canal de distribution	Par client distributeur
Chiffres d'affaires				
Volumes de vente				
Nombre de visites				
Nombre de clients gagnés				
Nombre de clients perdus				
Taux de conquête				
Taux de fidélisation				
Marge commerciale				
Coûts de vente				
Coefficient de vente entre tarif au distributeur et prix consommateur				
Pourcentage de remises accordées				
Nombre d'actions spécifiques (promotions, TG, salons, foires, etc.)				
Chiffres d'affaires des clients gagnés				
Chiffres d'affaires des clients perdus				

La gestion d'une force de vente a une influence directe sur la politique marketing d'une entreprise, surtout dans les PME ou TPE. Dans ces entreprises, le premier commercial est le dirigeant ! Car les vendeurs ne sont pas seulement un lien physique avec les clients ou des preneurs de commandes. Ils représentent aussi l'entreprise auprès des clients : ils véhiculent son image, sa performance, ses avantages compétitifs et le positionnement de ses biens, de ses services, de ses marques ou de l'entreprise.

Récapitulatif de la politique de distribution et de vente

En résumé, la section « distribution et vente » du plan marketing répond aux questions suivantes, classées par ordre chronologique, dans le tableau ci-dessous :

Le plan de distribution et de vente

Quelle approche ?	*Push* ou *pull*
Quelles sont les contraintes ?	• pénétration du marché ; • aspects qualitatifs ; • budgets disponibles (coûts de distribution).
Quel type de distribution ?	• intensive, sélective ou exclusive.
Quels critères pour choisir le canal ?	• objectifs de croissance, de rentabilité, d'image ; • clients finaux visés ; • comportement et besoins des clients ; • caractéristiques de l'offre ; • image et positionnement de l'offre ; • caractéristiques des canaux de distribution ; • risques de conflits.
Quelle évaluation des canaux ?	• emplacement et agencement des points de vente, assortiment, gestion des stocks, décoration, présentation, merchandising, prix, services, politiques promotionnelles et de référencement des distributeurs.
Quel plan de distribution ?	• objectifs, stratégies et calendrier.
Doit-on vendre sur Internet ?	• oui ou non. Et comment ?
Opte-t-on pour le multicanal ?	• oui ou non. Quels canaux ?
Quels objectifs pour la force de vente ?	• missions, taille, structure, rémunération, objectifs chiffrés (DN, DV, nombre de visites, devis, appels d'offres, parts de linéaire, etc.).

▪ PRÉVOIR UN BUDGET ÉTUDES

Ce n'est pas le chef d'orchestre qui juge la qualité du concert, mais le public dans la salle ! Valider les actions sur le *mix* marketing par des tests ou des études devrait être une étape décisive entre la conception et l'exécution du plan marketing. Malheureusement, cette phase de validation est souvent l'apanage des grandes entreprises, qui possèdent de grosses ressources humaines (les équipes gérant alors les tests) ou financières (les études étant alors sous-traitées à des cabinets spécialisés). Nous n'entrerons pas, ici, dans les détails des tests ou études permettant d'aider aux décisions sur le produit, la communication, les promotions ou le prix. Nous avons déjà dit qu'il était extrêmement difficile de vérifier la politique prix *a priori*. En revanche, nous conseillerons à toutes les entreprises, y compris les plus petites, de tester les performances des produits et la communication qu'elles souhaitent adopter.

Les plus riches utiliseront les batteries d'études et de tests adéquats en marketing : tests quantitatifs ou qualitatifs, en aveugle (on masque la marque) ou en identifié, dans l'absolu ou par rapport aux concurrents[1], en laboratoire[2] ou en marché test, complets (tout le *mix)* ou partiels. Les plus petites devront faire preuve de créativité pour évaluer certains éléments du *mix*, même avec des moyens sommaires ou imparfaits : demander l'avis à quelques consommateurs du bien ou quelques utilisateurs du service, organiser des réunions de groupe sur les besoins et les motivations, analyser – ne serait-ce que par l'observation – les comportements des clients, interroger les clients sur des foires ou expositions, assister à des salons professionnels. Les tests sur les produits sont, en effet, les plus faciles à organiser et s'avèrent assez fiables. Quant à la validation de la publicité, avant la sortie de la campagne, elle paraît nécessaire à toute entreprise digne de ce nom. Bien entendu, il faudra budgéter ces études ou ces tests dans le plan si on prévoit de les faire. Sans oublier que les tests ne sont que des réducteurs d'incertitude, et que, parfois, il faut savoir oser : « *Moins de tests et plus de testicules !* »

Enfin, comment ne pas parler du respect de la législation, de l'éthique et de l'environnement naturel ? Il appartient au responsable du plan marketing, en liaison avec les juristes internes ou externes de l'entreprise, de valider chaque action sous l'angle juridique et éthique : par exemple, la composition des produits, leur mode de fabrication, les conditions commerciales, le respect du droit des affaires (pas d'entente illicite, de concurrence déloyale, de publicité mensongère, etc.). Nous joignons, en annexe, une synthèse des tests de validation par élément du *mix* et par objectif.

---

1. On dit « en monadique » quand on teste le produit tout seul, et « en comparatif » quand on le teste contre le(s) concurrent(s) direct(s).
2. Le test en laboratoire (de produit, emballage, prix, communication ou de l'ensemble du *mix*) est réalisé dans un lieu spécialement équipé. Le marché test réel est, lui, effectué sur une zone géographique dans de vrais points de vente.

■ RÉSUMÉ DU CHAPITRE VI

—————   Comment agir sur le *mix* marketing ?   —————

■ Les actions sur le *mix* marketing regroupent les politiques de produit, prix, communication et distribution.

La politique produit consiste à choisir les besoins que l'on va satisfaire et les bénéfices apportés par le produit ou l'entreprise. Ensuite, il s'agit de définir les lancements ou les modifications qui seront réalisés, ainsi que les performances et les caractéristiques des biens ou services commercialisés, la gamme et la marque.

La politique de prix, qui génère de la valeur, dépend du positionnement choisi ; mais elle communique aussi l'image des produits. Le prix est un compromis entre la demande (ce que les clients sont prêts à payer), la rentabilité (ce que le prix dégage comme bénéfice), la concurrence, les coûts et le positionnement perçu.

La politique de communication agit sur l'attention (la notoriété), l'intérêt (l'image), le désir et l'achat. Son efficacité repose sur un message fort et unique, créé par des agences à partir d'un *brief* précis, écrit par l'annonceur. Le choix des moyens de communication se fait essentiellement en fonction des objectifs et du budget : la publicité média agit plutôt sur l'image à long terme ; la promotion et le marketing direct agissent plutôt sur les ventes à court terme.

La politique de distribution vise à définir le réseau par lequel les biens ou les services seront mis à disposition des clients visés. Elle peut être intensive, sélective ou exclusive, sans négliger Internet et le multicanal. Le choix des points de vente dérive des objectifs (croissance, image et rentabilité), de la cible (besoins et comportements), des caractéristiques du produit, de l'image souhaitée, de la concurrence, des coûts de distribution et des spécificités des canaux. La distribution est gérée par la force de vente, dont les objectifs précis doivent contribuer à la stratégie marketing.

Il est utile de valider les actions à venir par des études ou des tests marketing. Et impératif, dans tous les cas, de respecter la législation, l'éthique et l'environnement naturel. ■

Chapitre VII

Comment budgéter le plan marketing ?

« Mettez tous vos œufs dans le même panier, et surveillez le panier. »
Mark Twain.

Une fois les actions sur le produit, le prix, la communication et la distribution définies, il faut les budgéter.

■ LE PLAN EST LE « COMMERCE DES PROMESSES »

S'il n'y avait pas de contraintes et de contrôle financier, le plan marketing serait le « commerce des promesses[1] ». En effet, concevoir un plan marketing consiste, essentiellement, à prévoir un résultat futur et recommander les actions qui vont permettre d'atteindre ce résultat. Le plan marketing est composé de prévisions de chiffres d'affaires, de profit et de croissance. Il constitue donc un vrai pari sur l'avenir, une promesse que les responsables marketing adressent à la direction générale de l'entreprise. Or, tout dirigeant compétent et prévoyant doit, certes, prendre des risques, mais, au-delà des clichés trop faciles sur l'entrepreneur aventureux qui ose, il doit aussi gérer sainement sa société, et utiliser avec rigueur et discernement ses ressources, ses budgets et son argent. Prendre des risques, oui, mais prendre des risques sur les bilans, non ! Car, si le marketing est le commerce des promesses, la finance est un des piliers de la sagesse. En matière de budget, le volontarisme est souvent synonyme, à l'arrivée, de retard sur le chiffre d'affaires et d'écarts négatifs. Ce sont les ministres dispendieux qui écrivent des budgets « volontaristes » avec l'argent du contribuable, et qui, *in fine*, creusent les déficits publics.

---

1. Pour paraphraser le livre de Pierre-Noël GIRAUD, *Le Commerce des promesses* (Seuil, 2001), à propos des marchés financiers.

◼ LA BUDGÉTISATION EST « ASCENDANTE ET DESCENDANTE »

Il n'y a pas, à proprement parler, de méthode infaillible pour établir le budget d'un plan marketing. Et chaque entreprise a sa propre technique pour allouer les montants de coûts et de dépenses aux actions commerciales et marketing de l'année à venir. Néanmoins, nous proposons, ici, une démarche pour aider les dirigeants à budgétiser leur plan et à établir le compte de résultat de l'année suivante.

Dans notre démarche, la fixation du budget et des comptes financiers est un exercice ascendant et descendant. D'un côté, il s'agit de chiffrer précisément les coûts de toutes les actions marketing et commerciales pour les faire « remonter » dans un budget marketing global. De l'autre, il va falloir partir des ressources financières disponibles et des objectifs de rentabilité en pourcentage du chiffre d'affaires, pour fixer le budget global de l'entreprise, et faire ensuite « redescendre », c'est-à-dire allouer, les dépenses possibles par action.

L'élaboration du budget marketing est donc fait d'allers-retours incessants entre les opérationnels (usines, logistique, recherche et développement, achats, etc.), les équipes commerciales et marketing, et le contrôle de gestion ou la direction financière. Et, dans ce travail par itération, très vite vont se poser quelques questions fondamentales : *quel chiffre d'affaires peut-on atteindre ? A-t-on l'argent pour réaliser les actions choisies ? Le plan proposé est-il rentable ? Quel est le budget de nos principaux concurrents ?* Le processus de budgétisation est donc « tiraillé » entre plusieurs contraintes, internes ou externes :

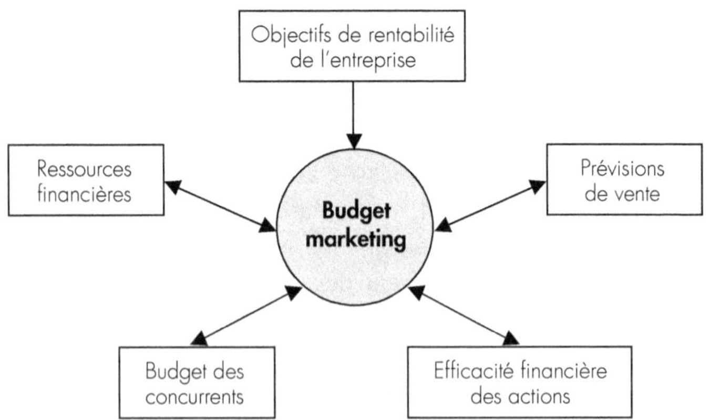

Par exemple, si les coûts d'exécution des actions sur le *mix* marketing sont plus élevés que les ventes additionnelles générées par ces opérations, il vaut mieux oublier le plan marketing ! Ou alors, il faut trouver d'autres actions moins onéreuses, ou qui produisent plus de croissance.

▪ ÉTABLIR LE COMPTE DE RÉSULTAT PRÉVISIONNEL

L'ensemble des tensions entre prévision des ventes, ressources disponibles, objectifs de rentabilité et coûts des actions marketing est en pratique synthétisé dans le fameux *P&L* (*Profit and Loss*), déjà mentionné dans le chapitre VI, ou « compte de résultat prévisionnel ». Car le *P&L* affiche le chiffre d'affaires, les coûts des produits, les marges dégagées, l'ensemble des dépenses marketing et commerciales, les frais fixes directement alloués au marketing pour aboutir à ce que nous nommerons ici « la contribution marketing ». Dans un plan marketing, on s'arrête en principe à la contribution, car les actions marketing n'affectent que ce qui est au-dessus de cette ligne. Les autres frais de l'entreprise, généraux ou financiers par exemple, ne sont pas touchés par les opérations marketing. Si l'on retire de la contribution marketing tous les autres frais, on obtient le résultat opérationnel.

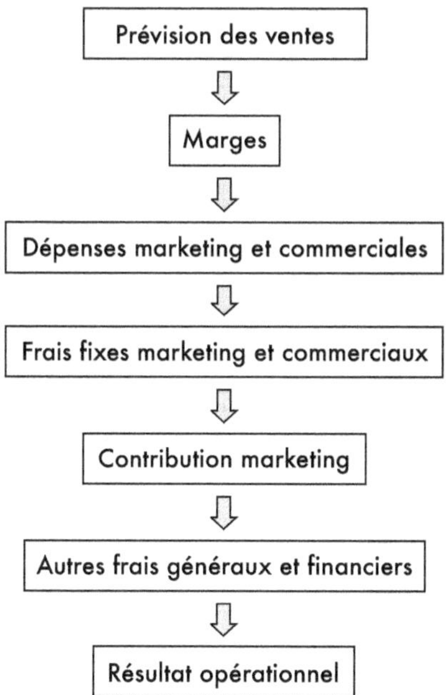

Compte de résultat prévisionnel ou *P&L*

Rubriques	Produit A	Produit B	Total en euros	Pourcentage du CA net
CA brut (ou ventes brutes ou ventes catalogue)	84	26	110	
Remises et bonifications	6	4	10	
Ristournes de fin d'année	3	2	5	
Total avantages structurels	9	9	18	
Avantages promotionnels	4	2	6	
Total avantages distributeurs ou clients	13	11	24	
Liquidations	1	1	2	
Reprises	1	1	2	
CA net (ou ventes nettes)	69	13	82	100 %
Autres avantages clients	3	1	4	4,9 %
Coûts des produits (matières premières, coûts de production et logistiques)	19	6	25	30,4 %
Cotisation environnement	3	1	4	4,9 %
Marge	44	5	49	59,8 %
Dépenses marketing :				
Création et production, études, tests	1	1	2	2,4 %

Médias	7	2	9	11 %
Internet	1	0	1	1,2 %
Promotions	2	1	3	3,7 %
Marketing relationnel	1	0	1	1,2 %
PLV et merchandising	1	0	1	1,2 %
Études	1	0	1	1,2 %
Autres (parrainage, RP, etc.)	0	1	1	1,2 %
Frais fixes :				
Équipe marketing	2	1	3	3,7 %
Force de vente	5	1	6	7,3 %
Autres frais fixes imputables (distribution et logistique commerciales)	3	1	4	
Contribution marketing	21	− 3	18	22 %
Frais généraux répartis	2	1	3	3,7 %
Frais financiers	1	1	2	2,4 %
Autres	0	0	0	
Réserve de gestion	1	1	2	2,4 %
Profit opérationnel	17	− 6	11	13,4 %

Bien entendu, les termes et la présentation du compte de résultat prévisionnel, qui est un bilan financier des actions marketing, varient selon les entreprises. S'il existe plusieurs plans marketing individuels, les *P&L* de chacun d'entre eux seront additionnés dans un seul *P&L*, celui de l'entreprise. Dans les *P&L* spécifiques, on ne s'intéresse qu'aux ventes et aux coûts associés à un produit, et non pas au chiffre d'affaires et aux coûts globaux. Nous donnons ci-avant un exemple de *P&L*, avec ses principales rubriques, dont les dénominations peuvent changer selon les sociétés.

Ce *P&L* réclame quelques commentaires ou éclairages :

1. **Chiffre d'affaires net** : c'est le chiffre le plus difficile à prévoir. Mais c'est pourtant le plus important, car les budgets possibles et le profit dépendent de lui. Il est le résultat des actions et des dépenses marketing, des tendances passées récentes, mais aussi de facteurs extérieurs à l'entreprise. Attention à ne pas surestimer les impacts à court terme des actions marketing, en particulier la publicité ou les améliorations produit, dont les effets se font sentir à plus longue échéance. Seuls des promotions axées sur le prix, des lancements de nouveaux produits ou un élargissement de la distribution ont vraiment des résultats dans l'année. Les investissements marketing ont des effets durables mais lents, même si cela dépend, bien sûr, du type de marché. Pour anticiper le chiffre d'affaires, on tiendra compte de la croissance du marché, de l'évolution des parts de marché, des initiatives des concurrents, du contexte macroéconomique (inflation, PIB, pouvoir d'achat, taux de change) et des coûts des matières premières qui peuvent obliger à augmenter les prix, et donc diminuer la demande.

2. **Avantages clients** : il s'agit ici de l'ensemble des promotions, ristournes, remises quantitatives ou de fin d'année et autres bonifications accordées aux distributeurs. Ils viennent en déduction du chiffre d'affaires brut, c'est-à-dire le tarif catalogue multiplié par les unités de produits vendues (ou le nombre de transactions dans les services). Pour arriver au chiffre d'affaires net, on retire aussi les reprises ou les liquidations de produit.

3. **Coûts des biens ou services** : ils sont constitués, généralement, des coûts de production, des matières premières et des coûts de logistique industrielle (et commerciale éventuellement dans certaines entreprises).

4. **Marge** : c'est le chiffre d'affaires net, moins les coûts des produits.

5. **Dépenses marketing et ventes** : c'est l'ensemble des coûts afférents aux actions marketing sur la communication, la promotion ou la distribution.

6. Frais fixes marketing et ventes : ce sont notamment les salaires, avantages et coûts des équipes marketing et de la force de vente.

7. Contribution marketing : c'est la contribution financière dégagée, dans l'année, par le plan marketing ; elle est la résultante des ventes générées par l'ensemble des actions menées sur les quatre éléments du *mix*, auxquelles on a soustrait les coûts des produits, les coûts de la politique commerciale et marketing (publicité, promotion, marketing direct, Internet, relations publiques, merchandising, force de vente, équipe marketing, etc.) de l'année. Si on retire de la contribution les frais généraux non imputables, les frais financiers, les autres charges de l'entreprise et la réserve de gestion (car tout bon dirigeant prévoit un coussin de sécurité dans son plan), on obtient le profit opérationnel, presque assimilable au bénéfice avant impôts. Si le plan marketing nécessite de lourds investissements (lancements ou changements de produits), il faut, bien sûr, les identifier et les inclure, sachant que certains ne seront rentabilisés qu'après plusieurs années.

▪ CALCULER LA RENTABILITÉ DU PLAN MARKETING

Le budget alloué au marketing doit être absolument réparti :

1. Par action ou par mission essentielle, car cela permet de développer un budget qui soutiendra efficacement les activités marketing nécessaires à l'atteinte des objectifs marketing.

2. En pourcentage des ventes nettes, en particulier les dépenses de publicité ou de promotion qui ne peuvent pas dépasser certains niveaux relatifs.

3. Par rapport aux concurrents, bien que les dépenses concurrentielles soient difficiles à évaluer, il faut estimer leurs dépenses en publicité[1], en promotions, en marketing direct.

4. Idéalement, il faut chercher à évaluer : *quel chiffre d'affaires et quelles marges additionnelles va générer l'action marketing ? Combien coûte l'action ? La marge additionnelle couvre-t-elle les coûts, voire les frais fixes imputables à l'action ?*

5. Quand on fait le même exercice pour toutes les actions de l'année, on peut calculer ce que nous nommerons la « rentabilité du plan marketing ». Trois indicateurs permettent d'évaluer cette rentabilité :

- **le taux de rentabilité** comme, par exemple, le taux de contribution marketing en pourcentage du chiffre d'affaires net ;

---

1. Par les parts de voix, par exemple.

- **le retour sur investissement**[1], ou rentabilité des capitaux investis, selon la période considérée et le niveau d'exigence des propriétaires ou actionnaires (aujourd'hui plus de 10 %, voire 15 %, semble un minimum) ;
- **le *payback*,** ou « délai de récupération » en français, est le temps, en mois ou années, pour récupérer la « mise initiale » (le montant premier de l'investissement).

■ BUDGÉTER LE PLAN MARKETING EN SEPT ÉTAPES

Le budget du plan marketing se construit en sept étapes, pouvant donner lieu, chaque fois, à des révisions :

Les étapes pour établir le budget marketing

Actions	Moyens	Responsable
1. Établir les prévisions de vente.	• historique, parts de marché, croissance, initiatives des concurrents, environnement.	Marketing et vente
2. Établir les coûts de toutes les actions recommandées sur le *mix* marketing.	• par action, en pourcentage du chiffre d'affaires, par priorité.	Marketing et opérationnels
3. Étudier la rentabilité de chaque action marketing.	• taux de rentabilité, retour sur investissement, *payback*.	Marketing et finance
4. Simuler un pré-budget global et un « pré-*P&L* ».	• allers-retours successifs avec les opérationnels.	Finance et marketing
5. Juger ce pré-*P&L* sur sa compatibilité avec : • les objectifs financiers de l'entreprise ; • les ressources financières disponibles ; • les budgets des concurrents.	• écarts par rapport aux objectifs financiers globaux ; • ressources disponibles ; • études de la concurrence, panels, parts de voix, etc.	Marketing et finance Direction générale
6. Réviser le budget et le *P&L*, et réajuster les prévisions de chiffre d'affaires.	• allers-retours successifs et hiérarchisation des priorités.	Marketing et finance
7. Adopter le budget et le *P&L* finaux.	• présentation en réunion.	Direction générale

---

1. Ce retour sur investissement se calcule en divisant les *cash flows* nets actualisés par le montant des investissements initiaux.

■ ÉTABLIR LE CALENDRIER MARKETING

Après avoir établi le budget du plan marketing, il va falloir fixer les dates et les échéances de ce plan. Le planning des actions doit couvrir toute l'année à venir, voire plus, si cela est nécessaire. Ce programme sera récapitulé dans un document d'une page (format A4 à l'italienne) que nous appellerons le « calendrier marketing ».

Le calendrier marketing résume visuellement tout le programme marketing de l'année à venir. Il contiendra, au minimum, les renseignements suivants : l'intitulé des actions réparties par élément du *mix* (produit, prix, publicité, promotion, distribution), les lieux, les actions par semaine (ou mois), les noms des responsables, les budgets de chaque action.

Le calendrier marketing

Année : 20XX   Pays : France   Préparé par : P. Villemus

Mois	1	2	3	4	5	6	7	8	9	10	11	12	Responsabilité	
Actions (budget en K€)													Direction	Personne
Lancement nouveau produit ABC	200												Marketing et vente	
Modification packaging UTV					45								Achat et marketing	
Nouvelle variété									67				R&D, usine, marketing et vente	
Augmentation de prix de 3 %													Finance, vente, marketing	
Publicité presse	26		23	30		16	18			29	26		Marketing, agence	
Publicité affichage													Marketing, agence	
Promotion « trois produits pour deux »		50	40										Marketing et vente	
Campagne TG		30				30					30		Vente	
Coupon marketing direct								25	25				Marketing, agence	

■ RÉSUMÉ DU CHAPITRE VII

Comment budgéter le plan marketing ?

■ Concevoir le plan marketing, c'est principalement prévoir un résultat en termes de chiffre d'affaires et de profit, et recommander les actions qui vont permettre d'atteindre ce résultat.

Il est donc essentiel de chiffrer le plan marketing, de calculer sa rentabilité et de l'intégrer dans le compte de résultat prévisionnel, qu'on appelle le *P&L* et qui est le bilan financier de l'activité marketing de l'entreprise.

Pour budgéter le plan marketing, il faut procéder par allers-retours entre les opérationnels, et tenir compte des objectifs de rentabilité globaux, de l'impact sur les prévisions de vente, des ressources budgétaires disponibles, de l'efficacité financière des actions marketing et, si possible, des budgets des concurrents.

Le *P&L* démarre avec le chiffre d'affaires net, auquel on soustrait les coûts des produits, les dépenses marketing et commerciales, les frais fixes marketing, commerciaux, et autres charges directement imputables ; on aboutit ainsi à la contribution marketing de l'année à venir.

La rentabilité du plan marketing se mesure en taux de contribution (en pourcentage du chiffre d'affaires net), retour sur investissement et *payback*.

Un calendrier marketing visualisant les actions, les périodes, les responsables, les budgets et les lieux sera ensuite établi. ■

Avant de passer à la rédaction, puis à l'exécution du plan marketing, il est bon, maintenant, d'en récapituler les étapes de conception :

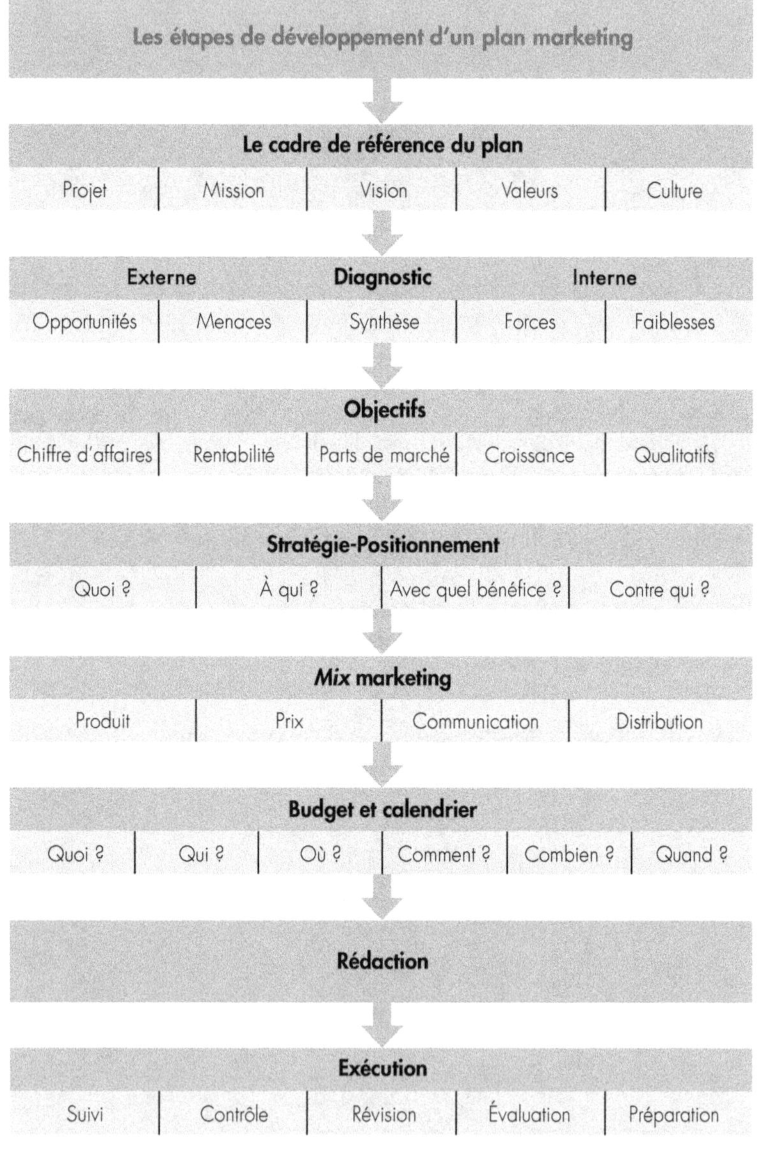

Chapitre VIII

Comment rédiger, présenter et communiquer le plan marketing ?

« Pour écrire bien, il faut sauter les idées intermédiaires, assez pour n'être pas ennuyeux, pas trop de peur de n'être pas entendu. »
Montesquieu.

Après la conception, voici venir le temps de la rédaction du plan ! Il va maintenant se traduire en un document écrit, où seront mis en valeur, entre autres choses, les objectifs-clés, les principales actions, le calendrier des actions mensualisées de l'année à venir, les responsables, les échéances, et les moyens humains, financiers et matériels nécessaires à la mise en œuvre des opérations marketing et commerciales.

Le plan rédigé sera le tremplin qui propulsera les équipes vers l'action et, en principe, vers la réussite. On reconnaît les marketeurs compétents et performants à la qualité rédactionnelle de leur plan. Les grands marketeurs écrivent de grands plans et les grands plans produisent de grands résultats. Le plan favorise aussi « le marketing du marketing » à l'interne. Car ce dossier rédigé constitue la manifestation la plus visible et tangible de l'activité des équipes marketing.

▥ ÉCRIRE LE PLAN : UN ACTE ET UN OUTIL DE MANAGEMENT

Alors que les grands groupes écrivent, presque systématiquement, des plans, les dirigeants de PME et TPE effectuent cette démarche de manière implicite. Ils sont pourtant obligés de fixer des objectifs, tout en essayant de définir des stratégies, et en s'efforçant de sélectionner les moyens les plus adaptés et rentables pour les mettre en œuvre. À ces dirigeants, souvent pressés, pris dans le feu de l'action ou le nez dans le guidon, nous voulons redire que le plan a une triple utilité :

- **c'est un acte de management** : il traduit des décisions à venir ;
- **c'est un outil de management** : il sert à préparer, coordonner et programmer les actions, et à responsabiliser les hommes ;
- **c'est un outil de contrôle de gestion** : il permet d'améliorer ou rectifier les situations.

Planifier est donc une nécessité, à condition que la planification ne soit pas un travail qui rigidifie, mais un outil de gestion qui garantisse assez de souplesse pour savoir comment s'adapter aux événements futurs.

▪ QUELLE DÉMARCHE POUR RÉDIGER LE PLAN ?

Nous l'avons dit, il faut bien séparer le temps de la conception du temps de la rédaction. Pour concevoir le plan, on passe par les étapes d'analyse de l'environnement et d'étude de l'offre et de la demande, on en tire des conclusions-clés, on dégage les menaces et les opportunités du marché et les forces et faiblesses de l'entreprise ; puis on fixe les objectifs et on choisit les stratégies permettant de les atteindre ; enfin, cette phase de réflexion s'achève par la détermination des actions à mener. Dans cette démarche, on ne sait pas quelles décisions vont être prises. C'est, au sens académique de l'expression, un « travail de chercheur » qui ne connaît pas à l'avance ce qu'il va chercher. On ne sait pas encore quelles décisions vont être prises et quels choix seront réalisés. Une fois cette démarche effectuée, il faut faire une « pause » avant de « publier » les résultats de la recherche.

La rédaction du plan marketing est un travail de synthèse et de restructuration du travail de conception. On commencera d'ailleurs par un résumé du plan à l'adresse des managers. Le document écrit sera généralement divisé en plusieurs sections qui synthétisent et réorganisent dans un ordre différent le travail d'analyse, de diagnostic et de décisions. Quand le plan marketing commence à être écrit, on sait, par avance, quelles décisions vont être recommandées et prises. Le document écrit n'est que la publication des résultats de la recherche, c'est-à-dire, ici, de l'analyse externe et interne et des décisions prises en termes d'objectifs, de stratégies et de moyens. L'ordre dans lequel a été conçu le plan est donc différent de l'ordre dans lequel il sera rédigé. Le document final est une narration : il raconte une « histoire » (et non pas des histoires). Par conséquent, les objectifs de vente arriveront toujours en premier, car ces chiffres sont la pierre angulaire du plan.

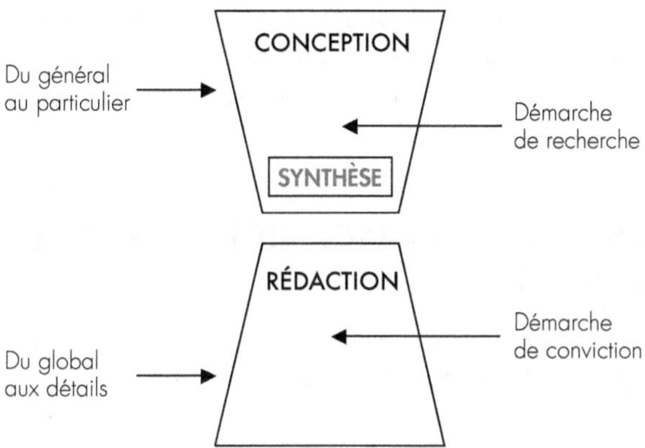

Différence d'ordre entre conception et rédaction du plan

Conception	Rédaction
Cadre de référence (projet, missions, vision, valeurs, culture).	Résumé du plan.
Diagnostic externe et interne ; analyse et prévisions du marché.	Objectifs.
Synthèse : menaces et opportunités ; forces et faiblesses.	Contexte et hypothèses de base (marché et environnement).
Objectifs.	Stratégie globale et orientations de marché et de produit ; positionnement.
Stratégie globale et orientations de marché et de produit ; positionnement.	Plan d'actions sur le *mix*.
Plan d'actions sur le *mix*.	Calendrier.
Budgétisation (globale et par action).	Budget (dépenses globales et par action, *P&L*).
Calendrier.	Contrôle, suivi, révision, évaluation et préparation du prochain plan.
Exécution.	Annexes (points-clés du diagnostic : menaces et opportunités ; forces et faiblesses).
Contrôle, suivi, révision, évaluation et préparation du prochain plan.	Exécution.

L'écriture du plan exige des qualités intellectuelles pointues, car le plan devra donner une vision complète et serrée de toutes les actions qui animeront l'année à venir. Le plan, tel un pressoir, doit extraire la vision concrète et opérationnelle de la stratégie visée par l'entreprise, à partir de la compréhension du marché. Vision stratégique et sens opérationnel doivent donc « transpirer » du plan. Mais, le cœur du plan, ce sont les programmes d'actions.

QUELLES SONT LES CARACTÉRISTIQUES DU PLAN MARKETING RÉDIGÉ ?

Un bon plan rédigé est le pont entre la phase de réflexion, analyse et choix, et la phase d'exécution. Il doit donc désormais aller à l'essentiel : il indique les objectifs à atteindre, les actions chiffrées et datées à mettre en œuvre, les ressources financières, humaines et matérielles à mobiliser. Tourné vers l'opérationnel, il doit être facile, et pourquoi pas, agréable à lire. Un bon plan marketing aura donc de :

- **la clarté** : il doit être compris, non seulement par la direction générale, mais aussi par tous ceux qui recevront le plan, par les responsables de sa mise en œuvre et par les opérationnels. Il faut éviter le jargon trop technique, incompréhensible pour ceux qui liront le plan. Un bon plan marketing devrait pouvoir être compris par n'importe qui d'extérieur à l'entreprise. Nous conseillons d'utiliser un style narratif (phrases complètes) avec des affirmations qui donnent envie à la direction générale. Rappelons les trois secrets du bon style littéraire énoncés par Prosper Mérimée : « *La clarté, la clarté et la clarté !* » ;
- **la concision** : un plan n'est pas une somme philosophique sur l'état du marché, de l'entreprise, de la demande et sur les alternatives stratégiques ou autres options. Seules les informations pertinentes, utiles et opérationnelles seront incluses dans le plan rédigé. Celui-ci va donc laisser en chemin beaucoup d'informations, de données ou de chiffres qui avaient été recueillis au cours de l'analyse, de l'étude des choix et de la prise des décisions. En particulier, on exclura du document l'intégralité du diagnostic, ainsi que tous les détails de la conception du plan. Certains de ces renseignements pourront être joints en annexe. Nous conseillons d'ailleurs d'utiliser les annexes pour donner des informations complémentaires, mais le plan doit pouvoir être lu, compris et utilisé sans avoir besoin de consulter ces annexes. Si le document est trop long, il ne sera pas lu ;

- **l'engagement** : un plan est forcément engagé. Il ne peut pas être neutre (l'objectivité se distingue de la neutralité), car il doit tracer le chemin à suivre ;
- **la spécificité** : un plan est adapté à chaque situation, période et problème. Ce n'est pas un passe-partout, même si sa structure est identique. Il faut éviter les plans génériques et trop vagues. Et, il faut se détourner des plans, les pires, qui insistent sur le « *quoi faire ?* » (le « yaka » ou « fauquon ») et qui oublient le « *comment faire ?* » (et *qui ? Où ? Combien ? Avec quel résultat ?*).

Cela étant, au-delà de ces qualités, qu'il faut entretenir par des chiffres, un planning et des instructions opérationnelles, un plan doit laisser un minimum de flexibilité. Il devra aussi être écrit très rapidement (en une journée, si possible) pour donner la priorité à l'action. Il appartient à chaque dirigeant d'écrire le plan en fonction du facteur d'influence discriminant de son marché (les distributeurs, les produits, les marques ou la géographie). Pour les entreprises rédigeant plusieurs plans individuels, il faudra les « agglomérer » dans un seul plan global.

Plans marketing individuels par produit, pays, segment, distributeur, marque...

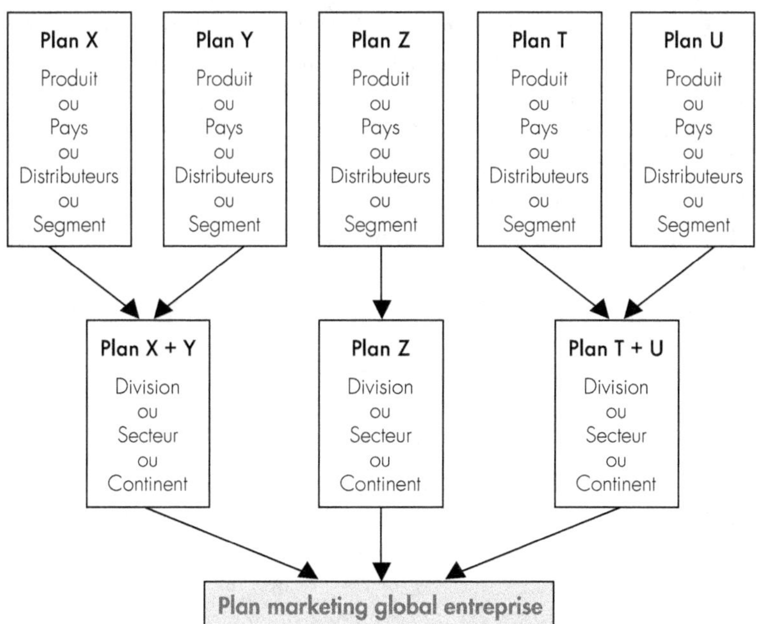

Le plan marketing est en principe annuel : il est donc écrit chaque dernier trimestre pour préparer l'année suivante. Mais, dans beaucoup d'entreprises, un plan marketing à trois ou cinq ans est parfois écrit. Attention à ne pas alourdir la paperasserie et la bureaucratie. Par expérience, on sait que les plans dits « long terme » sont rarement, voire jamais, exploités. Qui a déjà vu, dans une entreprise, une évaluation d'un plan marketing écrit il y a cinq ans ? Le paradoxe, c'est que les entreprises n'ont jamais eu autant besoin de prévoir à long terme, mais que les horizons de planification se raccourcissent à cause des turbulences incessantes, des évolutions technologiques et de la complexité croissante de l'environnement et des marchés.

▣ QUEL CONTENU POUR LE PLAN MARKETING ?

Le contenu du plan varie selon les entreprises. Nous proposons le contenu suivant :

1. Page de couverture ou table des matières : cette dernière n'est vraiment nécessaire que si le document dépasse cinq pages. Le titre et l'année du plan doivent être clairement identifiables, surtout s'il y a plusieurs plans individuels, ainsi que la date et le nom de son rédacteur (adresse e-mail ou téléphone).

2. Résumé managérial ou directionnel : en anglais, on appelle ce résumé *executive summary* ou *management summary*. Ce résumé présente, à l'usage des dirigeants, comme son nom l'indique, les points-clés du plan. Quiconque lit le résumé managérial doit comprendre l'essence et les principaux axes de développement du plan. Cette synthèse directionnelle comprend obligatoirement :

* les objectifs du plan en termes de chiffre d'affaires, de profit et de croissance ;
* les principales conclusions et stratégies sur lesquelles il se fonde ;
* les actions prioritaires ;
* le budget et les dates-clés (éventuellement).

3. Les objectifs marketing : il faut énoncer les objectifs-clés du plan, hiérarchisés par ordre de priorité, comme par exemple :

* les objectifs de chiffre d'affaires (et sa croissance) ;
* les objectifs financiers (marge, contribution, profit opérationnel et leurs évolutions) ;
* parts de marché ;
* qualitatifs.

4. Le contexte : on peut placer cette section soit avant les objectifs, soit juste après, comme nous le conseillons ici. Il ne s'agit pas de retranscrire toutes les analyses externes et internes qui ont permis de faire le diagnostic, mais seulement d'énoncer les principales conclusions pertinentes portant sur l'environnement, le marché, et donc de mettre en valeur les opportunités, les menaces, les forces et les faiblesses. Le rappel des données historiques de base est ici parfois utile (par exemple : évolution des parts de marché des principaux concurrents), mais il est hors de question d'en « faire des tonnes ». Il faut aussi mentionner les grandes hypothèses sur lesquelles a été bâti le plan :

- grands enjeux ;
- hypothèses de base : taille, croissance du marché et parts de marché ; inflation et croissance du PIB ;
- prévisions de vente : on rappelle brièvement l'historique avec, si possible, celui des concurrents, la répartition des ventes par produit, activité, client et zone géographique, si cela est pertinent ;
- bilan des performances des produits ;
- bilan de l'image et de la notoriété ;
- comparaison des prix et enjeux financiers (marges, contribution, résultat) ;
- bilan et enjeux de la distribution (clients, DN, DV, parts de linéaire, etc.) et d'Internet.

5. La stratégie marketing : il s'agit, en quelques lignes, de résumer les grands axes de développement de l'année à venir avec :

- *l'approche du marché* : concentration ou diversification de l'activité, fidélisation ou pénétration de clientèles, innovation ou intensification sur les produits, attaque ou défense du marché par les coûts ou la différenciation ;
- *le positionnement stratégique* (et la gestion du portefeuille s'il y a plusieurs marques) : la cible (par segment), les concurrents, les avantages-clés, les bénéfices.

6. Le plan d'actions : on synthétise, dans un tableau (ou sur deux pages), les principales actions sur le *mix* avec les responsables, les lieux, les dates, les moyens et les budgets :

- *produit* : lancements, modifications, gamme, emballage, services associés, noms, etc. ;
- *prix* : évolution et comparaison avec les concurrents ;
- *communication* : création, médias et investissements ;
- *Internet* ;

- *hors-média* : promotions, marketing direct, relations publiques, événements, parrainage, merchandising, PLV ;
- *distribution et force de vente*.

7. Le calendrier : par un tableau, on indique visuellement l'intitulé des actions, les lieux, les actions et les budgets. C'est le tableau maître du plan, celui à qui on se référera en permanence, et que le directeur marketing ou général aura toujours en poche.

8. Les budgets et *P&L* : on récapitule les budgets marketing et, surtout, on présente le *P&L* ou compte de résultat prévisionnel. En effet, le coût total de mise en œuvre du plan marketing doit être compatible avec les ressources financières de la firme. On doit aussi montrer que le budget est rentable, c'est-à-dire couvert par les marge et contribution additionnelles de l'année à venir :

Ventes additionnelles	Marge additionnelle	Contribution additionnelle	Budget marketing additionnel
100	40	20	18

En principe, le budget est donné par mois, sauf si on l'a déjà indiqué dans le calendrier marketing.

9. Le contrôle et l'évaluation : on peut écrire, dans cette section, comment sera suivie et contrôlée l'exécution du plan (voir le chapitre suivant). Le but est de mesurer la performance du plan, au fil de l'année, et de pouvoir corriger ou annuler les actions, ou réviser le plan si cela s'avère nécessaire. Souvent, on construit un tableau de bord qui mesurera les écarts entre les prévisions de chiffre d'affaires et les ventes effectives, et qui permettra ensuite d'ajuster les budgets à la baisse (parfois à la hausse). Si l'on souhaite être encore plus pointu, on peut fixer, lors de la rédaction du plan, les indicateurs ou les critères de performance sur lesquels on l'évaluera (la part de marché, la rentabilité, la croissance du chiffre d'affaires, l'amélioration de l'image, ou tout autre critère stratégique pour l'entreprise).

10. Les annexes : le lecteur doit pouvoir s'en passer, sauf s'il désire avoir des informations plus approfondies. Elles sont constituées des points essentiels du diagnostic interne et externe, et, surtout, des tableaux d'évolution du marché, des parts de marché, des *P&L*, des données sur la distribution, des résultats des tests, des évolutions des investissements média et hors-média, des suivis de la notoriété, de l'image, etc. Dans certaines entreprises, les annexes dépassent les cent pages.

Contenu détaillé du plan marketing rédigé

1. Table des matières		
2. Résumé managérial	2.1	Conclusions sur lesquelles est fondé le plan
	2.2	Objectif numéro un du plan
	2.3	Stratégie principale
	2.4	Actions prioritaires
	2.5	Résultat prévisionnel et budget total
3. Objectifs	3.1	Chiffre d'affaires et croissance
	3.2	Résultat opérationnel, marge, contribution
	3.3	Parts de marché
	3.4	Qualitatifs
4. Contexte	4.1	Grands enjeux (menaces et opportunités)
	4.2	Hypothèses de base
	4.2.1	Taille et parts de marché
	4.2.2	Inflation, PIB, changes
	4.3	Prévisions de ventes (par produit, zone, distributeur)
	4.4	Bilan sur le produit
	4.5	Bilan sur l'image et la notoriété
	4.6	Bilan sur le prix (comparaison)
	4.7	Bilan sur la distribution
5. Stratégie	5.1	Innovation, diversification ou intensification. Fidélisation ou pénétration
	5.2	Positionnement (dont segmentation)
6. Plan d'actions	6.1	Produit
	6.1.1	Lancements
	6.1.2	Modifications
	6.1.3	Gamme
	6.1.4	Emballage
	6.1.5	Services
	6.2	Prix (dates de modification)
	6.3	Communication
	6.3.1	Création
	6.3.2	Plan média
	6.3.3	Internet
	6.4	Hors-média
	6.4.1	Promotions
	6.4.2	Marketing direct
	6.4.3	Relations publiques (ou presse)
	6.4.4	Parrainage, événements, etc.
	6.4.5	Merchandising, PLV
	6.5	Distribution et force de vente (élargissement, réduction, politique commerciale)
	6.5.1	DN et DV
	6.5.2	Gestion du point de vente (linéaire, agencement, décoration, etc.)
7. Calendrier (dates, lieux et noms des responsables)		
8. Compte de résultat prévisionnel et budget		
9. Contrôle et évaluation (critères de performance)		
10. Annexes		

▦ COMBIEN DE PAGES ?

Il n'existe pas, à proprement parler, de longueur type. La lourdeur ou la légèreté du document varie selon la taille de l'entreprise, la complexité du portefeuille d'activités, de marques ou de gammes à gérer, la culture orale ou écrite de la firme et, surtout, la personnalité du dirigeant. Disons que le document peut varier de quatre pages à quarante. Dans certaines organisations, on va jusqu'à privilégier le plan marketing en une page (*the one-page document*, en anglais), plutôt adapté au plan par produit. Nous proposons un plan, hors annexes, en une huitaine de pages : *table des matières* (une demi-page) ; *résumé managérial* (une demi-page) ; *les objectifs* (une demi-page) ; *le contexte : menaces et opportunités du marché et de l'environnement, forces et faiblesses du* mix (une page) ; *la stratégie marketing* (une demi-page) ; *le plan d'actions* (une à deux pages) ; *le calendrier* (une page) ; *les budgets marketing et P&L* (deux pages, dont une page pour le *P&L*) ; *le contrôle et l'évaluation* (une demi-page) ; *les annexes* (une à vingt pages, voire plus, s'il le faut : parfois plus de cinq cents pages !).

Bien sûr, il faut le répéter, si le document est trop long, il ne sera pas lu. Sur la forme donc attention aux petits caractères, aux tableaux trop lourds, aux montagnes de chiffres, aux galimatias obscurs, au nombre des sections, sous-sections et subdivisions, qui perdent le lecteur dans un labyrinthe de titres et chapitres. Il faut aussi veiller à ne pas abuser du style télégraphique ou des puces en cascade, mais lui préférer le style narratif. Nous conseillons d'écrire le plan en utilisant des phrases construites (sujet, verbe, COD et compléments circonstanciels : « *M. Dupond doit gagner cent magasins additionnels en 20XX sur la zone nord* »).

Au total donc le plan marketing, comptera environ huit pages maximum pour le corps du document sans les annexes. Mais on peut toujours viser le document d'une page !

▦ COMMENT LE PRÉSENTER ?

Une fois rédigé, le plan, dans les grandes entreprises tout au moins, doit souvent être présenté à la direction générale pour obtenir l'accord de celle-ci. À ce stade, le plan marketing est encore un document non officiel, sensible, qui doit rester confidentiel. Même après acceptation du patron, le plan devra, bien sûr, rester protégé, et certaines parties secrètes. Ce serait le rêve de la concurrence de le lire ! Nous verrons

---

Plan marketing entreprise ABC

Année : 20XX   Pays : France
Préparé par : P. Villemus (e-mail : xxxx)

1.	Table des matières	page 1
2.	Résumé managérial	page 2
3.	Objectifs	page 2
4.	Contexte	page 3
5.	Stratégie	page 4
6.	Plan d'actions	page 5
7.	Calendrier	page 6
8.	Compte de résultat prévisionnel et budget	page 7
9.	Contrôle et évaluation	page 8
10.	Annexes	page 9

---

que sa diffusion doit demeurer restreinte, et certaines sections, les comptes de résultat par exemple, seront retirées de la circulation.

La présentation du plan aux décideurs finaux, faite par le directeur marketing et ses adjoints, sera, elle aussi, restreinte, et encore plus concise que le document lui-même. Mais il s'agit de s'adapter à la culture de la « maison ». Certaines sociétés ont une culture écrite surdéveloppée ; elles prennent leur décision sur la base de notes ou dossiers, après mûre réflexion souvent en « chambre » (le PDG isolé dans son bureau qui annote et signe les documents). D'autres, au contraire, favorisent la culture orale à outrance ; elles sont très attachées aux débats, aux contacts directs entre responsables et opérationnels, à la confrontation, voire aux conflits ; elles donnent la primeur à la discussion en public au cours de réunions denses ; elles se méfient de la « littérature » ou de la paperasserie. La culture, écrite ou orale, est très influencée par la personnalité du patron : certains, ceux issus des grands corps d'État en particulier, sont très formalistes, d'autres, les entrepreneurs ou créateurs, très directs. Dans notre esprit, les deux approches ne sont pas incompatibles : un plan clair et précis, mais aussi un débat ouvert et décisif, voire tranchant.

La séance de présentation en réunion suivra, *grosso modo*, le contenu du document. Elle durera plusieurs heures pour un plan général complexe. Nous nous inscrivons en faux contre ceux qui proclament que l'on peut en une heure maximum discuter et accepter le plan marketing. Le marketing est au cœur de la stratégie de l'entreprise : l'acceptation des objectifs de chiffre d'affaires et de résultat opérationnel, le choix des stratégies et du programme d'actions, la fixation des budgets et des dates sont donc une priorité absolue.

Si le plan est correctement pensé et rédigé, il suffit de copier son contenu en le simplifiant et l'adaptant au format diapositive de présentation. Le déroulé, en revanche, pourra être légèrement modifié, puisque très souvent on partira du contexte de l'année en cours (le marché, le bilan du *mix* marketing et les grands enjeux) pour aboutir au compte de résultat prévisionnel : 1. Contexte actuel, 2. Objectifs, 3. Stratégie, 4. Plan d'actions, 5. Calendrier, 6. Budget, 7. *P&L*. Nous plaçons le compte de résultat toujours en fin de session, car c'est le tableau le plus important du plan. Il « encapsule » à lui seul tout le plan : cette diapositive doit présenter les comptes de résultat des quatre années passées, de l'année en cours et de l'année à venir, sur laquelle porte le plan. Peu importe le type d'entreprise et de plan, ce qui compte dans les entreprises, c'est le bas de ligne. En clair, le plan marketing doit générer plus d'argent que l'an passé (croissance des revenus) et/ou économiser de l'argent par rapport à l'an dernier (réduction des coûts).

Faut-il enfin rappeler qu'une diapositive de présentation, pour être lisible et lue à dix mètres, affiche peu de phrases ou de mots, et communique en principe un seul message ? Nous proposons en annexe un exemple de présentation.

▪ COMMENT LE COMMUNIQUER ?

Une fois validé et accepté par la direction générale, le plan marketing va pouvoir être communiqué à l'ensemble des acteurs, managers ou opérationnels de l'entreprise. Tout d'abord, il faut continuer à veiller à la confidentialité du document (les comptes de résultat, les budgets, les grands lancements, les conditions commerciales offertes aux distributeurs ou aux grands clients). Un condensé du plan, sans les éléments financiers en particulier, sera diffusé aux personnes adéquates. Il s'agit de trouver un premier compromis entre l'impérieuse obligation d'impliquer tous ceux qui auront la responsabilité de la mise en œuvre du plan, et la non moins absolue nécessité de préserver sa confidentialité.

Ce moment suffisamment crucial justifie, selon nous, une réunion spéciale de motivation des équipes. En effet, il s'agit de bien faire passer les messages du plan, les objectifs et les actions. Mais il faut surtout préparer son exécution : les équipes doivent le comprendre, y adhérer, se l'approprier et avoir envie de l'appliquer ; même si, restons réalistes, à ce stade du processus, il ne peut plus être remis en cause : la phase de diffusion et d'exécution n'est une phase ni de réflexion ni de décision, mais d'action et de motivation ! Si l'on veut s'assurer que le plan est correctement et efficacement appliqué, il faut en effet motiver les équipes et leur donner envie et confiance.

Sur le fond, la réunion sera claire et nette : les objectifs, les stratégies, les budgets, les actions et les dates ne sont ni discutables ni négociables et devront être respectés à la lettre. Sur la forme, la séance sera motivante et détendue. Il faut insuffler de l'énergie aux collaborateurs, car l'exécution du plan, fatalement semée d'embûches, va rythmer leur travail quotidien pendant un an. En outre, la répétitivité des plans exige de la convivialité et de la décontraction : il faut rendre ludique sur la forme ce qui est sérieux sur le fond. Il s'agit donc de trouver un second compromis entre la rigueur, l'obligation de résultats et de moyens, l'exigence de respect du plan, et l'enthousiasme pour se lancer dans une nouvelle année d'activités.

■ RÉSUMÉ DU CHAPITRE VIII

———————   **Comment écrire, présenter et communiquer**   ———————
le plan marketing ?

■ Le plan marketing doit se matérialiser par un document qui met en valeur les objectifs, les actions, le contexte, les responsables, les échéances, les budgets et les résultats financiers. Car le plan est à la fois un acte de management et un outil de gestion. Sa rédaction est une opération de synthèse et de restructuration du travail de conception.

Le document, narratif, doit être clair, concis, engagé et spécifique. D'environ huit pages, il est composé des sections suivantes : 1. Résumé managérial, 2. Objectifs, 3. Contexte, 4. Stratégie, 5. Plan d'actions, 6. Calendrier, 7. Budgets, 8. Compte de résultat, 9. Procédures de contrôle et d'évaluation, 10. Annexes.

Très souvent, le plan sera présenté pour accord à la direction générale, au cours d'un débat ouvert mais décisif. Une fois validé, le plan, sans les éléments confidentiels, sera diffusé à tous ceux qui sont impliqués dans sa mise en œuvre. La communication du plan sert autant à informer qu'à motiver ; elle se doit donc d'être claire et nette, mais aussi « détendue », pour bien lancer le programme de l'année à venir. ■

Chapitre IX

Comment exécuter, suivre, contrôler et réviser le plan marketing ?

César, dictant : « Quand tu vas commencer à mesurer le fond de la mer, fais bien attention de ne pas trop te pencher, et de ne pas tomber par-dessus bord – et là où ça sera trop profond, laisse un peu mesurer les autres. »

Marcel Pagnol, *Fanny*, acte I, scène 14.

Après la rédaction, voici venir le temps de l'exécution ! Le plan marketing reste un vœu pieux tant qu'il n'a pas été exécuté. L'étymologie du mot « exécution », fréquemment utilisé en justice, renvoie d'ailleurs au latin *exsecutio* qui signifie « achèvement ». Ne nous y trompons pas : cette phase d'exécution, qui n'occupe que le dernier chapitre de ce livre, s'avère aussi critique que la phase de conception et que toutes les autres étapes qui l'ont précédée. Paul Valéry a écrit : « *La meilleure des stratégies se perd sur les coteaux et dans les vallons.* »

■ COMMENT RÉUSSIR L'EXÉCUTION DU PLAN ?

Tuer le diable qui gît dans les détails

L'exécution est la réalisation du plan, sa « mise à effet[1] ». En marketing, la stratégie n'est qu'un des agents de la réussite de l'entreprise. Sa suite logique, l'application, souvent perçue comme moins distinguée,

---

1. Nous utiliserons plus volontiers « mettre à effet » que « mettre en œuvre » pour insister sur l'effet, c'est-à-dire le résultat (*avec quel effet ?*).

exaltante ou intellectuelle, contribue pourtant autant au succès du plan que les grandes envolées stratégiques ou conceptuelles. La tactique elle-même dépendra, par ailleurs, d'un troisième facteur-clé, les femmes et les hommes qui vont la mettre en œuvre. Car les équipes détiennent les compétences, le savoir-faire, le style, les valeurs et la culture.

Dans un plan, le tout est plus grand que la somme des parties. Cela veut dire que le plan global marketing est plus puissant que la somme de toutes les actions individuelles recommandées et exécutées. Car chaque initiative marketing ou commerciale sur un des éléments du *mix* agit en synergie avec les autres opérations, même la plus infime en apparence. À condition que le plan soit cohérent et harmonieux, comme un orchestre dirigé par un brillant chef. Par exemple, un vendeur aura plus de chances de référencer un nouveau produit dans un magasin si le distributeur a entendu parler de la publicité de cette marque ; il obtiendra plus facilement une tête de gondole s'il peut proposer concomitamment une promotion « *trois pour le prix de deux* ». L'image haut de gamme sera confortée par un niveau de qualité supérieure. C'est dans l'attention acharnée apportée aux détails que l'on tire les synergies les plus fortes du plan marketing. Le contraire est aussi vrai : comme l'énonce le dicton populaire, « *le diable gît dans les détails* ».

Pour réussir l'exécution, il faut, au préalable, apporter des réponses positives aux trois questions opérationnelles suivantes : *a-t-on les moyens requis à la mise à effet du plan ? A-t-on le temps nécessaire à son application ? A-t-on bien réparti toutes les missions ou tâches ? A-t-on le moral ?*

Disposer des moyens requis

Avant d'exécuter le plan, il faut répertorier toutes les actions et vérifier que l'on dispose de tous les moyens nécessaires à leur mise en œuvre : financiers (*les budgets ont-ils été correctement alloués ?*), matériels (*a-t-on la technologie, les machines, les matières premières, le réseau logistique, les emballages, le réseau de distribution, la création publicitaire, etc. ?*) et humains (en nombre et en qualité, c'est-à-dire en compétences). C'est le moment où l'on peut encore ajuster le triptyque objectifs-stratégies-moyens.

Calibrer le temps et respecter les délais

Ensuite, il s'agit de bien « caler » les délais, car les échéances, souvent fixes, ne peuvent être ni négociées ni repoussées. Or, travailler dans des délais trop courts est souvent préjudiciable, voire fatal, à la qualité de la réalisation. Mais, comme la conquête ou la défense des marchés sont une course de vitesse hargneusement compétitive, prendre du retard est encore plus grave. La rapidité d'exécution est non seulement une impérieuse nécessité, mais surtout un avantage concurrentiel en soi. Et l'on va vite, non seulement si on sait où l'on va, mais aussi si on connaît parfaitement les priorités.

En matière de gestion du temps et de projet (le plan marketing non encore exécuté n'est qu'un projet), il faut **distinguer les tâches prioritaires des tâches urgentes**. Quand on peine à « tout faire », en période d'embouteillage ou de surcharge de travail, on doit ordonner les actions sur une échelle chronologique, en fonction de leur urgence, et sur une échelle prioritaire, en fonction de leur importance, comme le montre le tableau ci-dessous :

Distinction entre urgence et importance

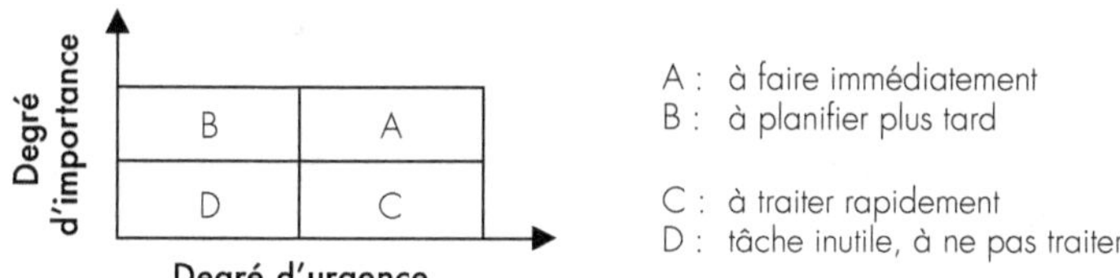

Répartir les tâches

La répartition des tâches doit être minutieusement effectuée. Dérouler, suivre et contrôler l'exécution du plan, c'est, fondamentalement, suivre et contrôler les exécutants, qu'ils soient managers ou collaborateurs de premier niveau. Et, pour motiver, encadrer et guider les femmes et les hommes, il faut :

- comprendre leurs rôles et l'importance de leurs missions dans l'atteinte des objectifs ;
- répartir ces tâches et ces missions ;
- vérifier qu'ils ont les moyens financiers, humains et temporels d'accomplir leurs missions ;

* contrôler qu'ils font bien ce qu'ils ont à faire ;
* valoriser leur contribution au cours de l'exercice ;
* leur donner un retour ou une évaluation sur leurs résultats personnels et sur l'avancement général du plan.

Entretenir le moral des équipes

On fait « bien » et on va « vite » si on motive les équipes, et si on leur insuffle suffisamment d'énergie et d'enthousiasme. Le moral des « troupes » est clé dans la phase d'exécution, justement parce que celle-ci paraît plus « vile » et plus « ingrate » que la conception. Dans certaines entreprises, on entretient stupidement le mythe de la tête (ceux qui pensent) et des jambes (ceux qui agissent), comme si la réflexion s'opposait à l'action, alors que toutes deux sont comme les deux faces d'une même pièce. L'exécution d'un plan est une succession de difficultés insoupçonnées, d'obstacles imprévus et, souvent, de mauvaises surprises. Le comportement des ressources humaines dans l'adversité dépendra donc de leur état d'esprit et de leur confiance dans le plan.

■ COMMENT SUIVRE ET CONTRÔLER LE PLAN ?

Pour contrôler l'exécution du plan marketing, il va falloir :

* se doter d'outils de contrôle ;
* mesurer et évaluer les résultats au cours de l'année par rapport aux objectifs initiaux ;
* expliquer les écarts.

Se doter d'outils de contrôle

Comment un entraîneur peut-il évaluer les progrès de son athlète, s'il ne dispose pas de chronomètre ? Pour évaluer les performances du plan, il faut disposer de moyens de suivi, à la fois internes et externes. En effet, le contrôle des actions commence toujours avec l'établissement de procédures de contrôle. Ce mot, « procédure », ne doit pas effrayer le lecteur. Il ne s'agit pas de mettre en place un système très complexe et hypertrophié, mais quelques tableaux de bord fluides adossés à une méthode souple de recueil des données. Cela signifie : une collecte d'informations rapide et fiable ; un système d'informations performant pour traiter, stocker et analyser les données et les faits ; des tableaux de bord faciles à lire et utiliser. Il faut donc prévoir un minimum d'investissements en système d'information marketing (SIM), qui doit fournir :

- des statistiques et des rapports sur les ventes ;
- les commandes ;
- les chiffres de production, stocks, livraison ;
- les enquêtes clients, les réclamations ;
- la comptabilité des coûts marketing et commerciaux ;
- le management des bases de données.

Ces procédures de contrôle faciliteront le suivi de la progression du plan, les mises à jour et éventuellement les actions correctrices.

Mesurer et évaluer les résultats

Il faut ensuite fixer des indicateurs ou des critères de performance adéquats, qui vont permettre de suivre l'exécution du plan et ses résultats tout au long de l'année, chaque mois et chaque trimestre.

> Un indicateur de performance marketing est un moyen de mesure permettant de comparer les résultats marketing avec les objectifs.

Par exemple, le taux de notoriété spontanée, mesuré avant et après une campagne publicitaire, est un indicateur de la performance de la politique de communication. Les moyens de mesure, externes ou internes, vont évaluer les écarts par rapport aux prévisions de chiffre d'affaires, de parts de marché, de budget, de résultats financiers et autres éléments qualitatifs (notoriété, image, légalité des actions, respect des délais, etc.). Il s'agit aussi de s'évaluer par rapport au marché et aux concurrents en scrutant l'évolution des parts de marché et des parts de segment.

Les indicateurs de performance du plan marketing

Résultat mesuré	Critères	Sources internes	Sources externes
1. Ventes	Chiffre d'affaires en valeur, en volume, par produit, client, canal, vendeur, opération, etc.	Force de vente, comptabilité.	
2. Parts de marché	En valeur, volume, au global, en demande, par segment, en relatif.		Panels, statistiques professionnelles.
3. Budget	Respect des budgets et coûts.	Facturation, finance.	
4. Rentabilité	Marge = CA − coûts directs. Contribution = marge − coûts marketing. Profit = contribution − frais généraux et financiers.	Finance, *P&L*.	
5. Qualitatifs	Taux de pénétration, de nourriture[1], de notoriété, évolution de l'image, satisfaction clients.		Panels, études consommateurs, tests.
6. Opérations ponctuelles	Pour une campagne de publicité, une promotion, un lancement, etc.		Panels, études, tests.
7. Contrôle sur les éléments du *mix*	Produit, prix, communication, promotion, distribution, équipe de vente.	Données de ventes, finance.	Tests et panels.
8. Respect des délais	Calendrier initial et dates réelles.	Finance.	
9. Respect de la légalité et de l'éthique	Nombre de conflits juridiques ou plaintes.	Service juridique.	

---

1. Part d'un produit dans les achats faits par un client de tous les produits de la même catégorie.

Pour le chiffre d'affaires, un tableau de bord mensuel semble un minimum :

Tableau de bord activité mensuelle

Juin 20XX en millions d'euros	CA à date	Prévisions CA	Écart	Écart en %	Reste à faire	Reste à faire en %
Produit A	15	17	− 2	− 12 %	34	69 %
Produit B	12	10	+ 2	+ 20 %	25	68 %
Produit C	8	5	− 3	− 60 %	13	62 %
Total	35	32	− 3	− 9 %	72	67 %

Le suivi des clients consommateurs exige une approche plus précise et ciblée, en fonction des objectifs qualitatifs que l'on s'est fixés :

- nombre de clients et pourcentage de clients gagnés, retenus et perdus ;
- pourcentage de clients : très satisfaits/satisfaits/insatisfaits/très insatisfaits ;
- notoriété assistée, spontanée, *Top of mind* ;
- évolution des intentions d'achat ;
- évolution de l'image.

Tableau de bord clients

	Clients gagnés	Clients retenus	Clients perdus	Total
Nombre de clients				
Nombre de clients en pourcentage				
Pourcentage des clients	Très satisfaits	Satisfaits	Insatisfaits	Très insatisfaits
Évolution de notoriété	Assistée	Spontanée	*Top of mind*	
Évolution de l'image	Étude sur une échelle de 1 à 6 des points d'image sur la qualité, la performance, la modernité, l'innovation, l'adaptation à la cible, etc.			

En ce qui concerne les opérations spéciales, l'idéal serait d'évaluer chacune d'entre elles séparément. Par exemple, en étudiant les tendances avant, pendant et après l'action. Une action qui renverse une tendance négative même sans faire de croissance est sans doute efficace.

Expliquer les écarts

La mesure des écarts a pour but la révision à la baisse ou à la hausse des budgets et, parfois, des prévisions. Mais, au-delà de la mécanique des chiffres, cette mesure n'a d'intérêt que si on arrive à expliquer ces écarts. Selon nous, toute analyse de chiffres internes, de panels, d'études de marché ou de tests doit déboucher impérativement sur une recommandation d'action argumentée et chiffrée. En permanence, la direction générale, destinataire de ces recommandations, a besoin de connaître l'efficacité du plan marketing : *existe-t-il des études régulières sur le marché, les parts de marché, la concurrence, les clients, la fidélité, la notoriété, l'image, la pénétration, etc. ? Existe-t-il une étude de satisfaction ? Ces études sont-elles suivies d'actions argumentées ? Compare-t-on systématiquement les résultats atteints (quantitatifs ou qualitatifs) avec les objectifs ? Les explique-t-on tout aussi systématiquement ?*

Si l'on veut prendre des actions correctrices, il est nécessaire d'identifier les causes de ces écarts, alors même que, dans un environnement très complexe, où beaucoup de variables internes ou externes entrent en jeu, il est très difficile d'isoler la cause d'un problème. Par exemple, un déficit d'image s'interprète très souvent par un faisceau d'éléments, parfois très anciens.

■ COMMENT RÉVISER ET AMÉLIORER LE PLAN ?

Au fur et à mesure de l'exécution du plan, son suivi et son contrôle vont faire émerger des écarts ou des difficultés non prévues. Le plan va devoir être révisé à plusieurs niveaux :

- **on modifie les moyens d'action** et on garde la stratégie et les objectifs ;
- **on modifie les objectifs** et on garde la stratégie et les actions ;
- **on modifie tout** : les moyens, la stratégie et les objectifs.

La modification des moyens d'action, comme les budgets, par exemple, est tout à fait « naturelle » dans une organisation dynamique et flexible.

Le changement de stratégie est parfois nécessaire (adaptation à une initiative d'un concurrent), même s'il découle souvent d'une erreur de clairvoyance initiale.

La révision des objectifs, à la baisse bien sûr, est, elle, beaucoup plus inquiétante, voire alarmante. L'obligation de résultat a toujours existé dans le monde économique privé, mais jamais avec autant d'intensité qu'aujourd'hui. Les actionnaires inflexibles, les propriétaires exigeants, les places boursières ou les banquiers intraitables apprécient peu la baisse des objectifs et détestent les résultats inférieurs aux prévisions. Cette inflexibilité moderne n'affecte pas seulement les entreprises cotées en Bourse mais aussi toutes les PME : elle met la pression sur les dirigeants et les équipes, et peut menacer l'indépendance, voire la survie, de la société.

Face à une situation défavorable, on commencera toujours par essayer de trouver d'autres moyens pour atteindre le chiffre d'affaires. Si cela s'avère impossible, pour des raisons de temps (les actions prévues sont déjà lancées ou on ne peut plus en organiser d'autres) ou de budget (il n'y a pas d'argent), il faudra sans doute réduire les dépenses, afin de préserver le bas de ligne. Insistons sur ce point, entre le haut de ligne (le chiffre d'affaires) et le bas de ligne (le profit), au-delà des beaux discours sur la préservation des intérêts à long terme, il faut, presque invariablement, choisir le bas de ligne. On se consolera en notant qu'un bénéfice maintenu avec un chiffre d'affaires amoindri fait mécaniquement grimper le taux de rentabilité de l'entreprise. D'aucuns diront qu'il vaut mieux parfois perdre de l'argent à court terme pour en gagner plus à long terme. Nous nous opposons à cette théorie, car il est difficile d'avoir une vision à long terme quand on perd de l'argent à court terme.

En matière de révision et d'actions correctrices, les PME et les TPE semblent avoir un net avantage sur les grosses organisations. Le nombre moins élevé d'échelons hiérarchiques leur donne, en principe, plus d'aptitudes à réviser leur plan, à l'image du petit bateau qui change plus facilement de cap que le gros paquebot. Mais, si le lourd paquebot prend plus de temps pour virer de bord, il traverse mieux les tempêtes et les grains que le petit navire ! Les forces des PME, la flexibilité et la rapidité, sont aussi leurs faiblesses : elles ont du mal à garder le cap dans les difficultés ou les crises, sauf si le capitaine montre du courage et de la ténacité, et si elles ont de l'argent. Le talon d'Achille des grosses entreprises est indubitablement leur lourdeur, matérialisée par des délais de prise de décisions terrifiants, la bureaucratie, la paperasserie, le *reporting* inutile et inutilisé, les luttes politiques internes, les conflits de pouvoir. Dans les grosses structures, l'ennemi est aussi interne. Dans certaines sociétés, à l'individualisme exacerbé, l'ennemi est seulement interne ! Enfin, il ne suffit pas de décider d'actions correctrices en cours d'année, encore faut-il savoir manager ces changements, souvent dans l'urgence. En cette occasion, l'implication de la direction générale paraît un *must*. Il s'agit de remotiver les équipes sur un nouveau plan, ou au moins sur de nouvelles actions. La révision du plan, qui a pour but de l'améliorer ou de le rendre compatible avec les impératifs budgétaires et financiers, est donc constituée *in fine* de :

- mises à niveau des chiffres ;
- actions correctrices ;
- management de ces changements ;
- mise en œuvre de ces changements ;
- mise à jour du calendrier ;
- planification de l'année à venir.

■ COMMENT ET QUAND PRÉPARER LE PROCHAIN PLAN ?

Tout le travail décrit en amont sert à corriger les actions, ou à prendre de nouvelles initiatives au fil de l'année (si cela est possible, bien sûr), à réviser le plan (si cela est nécessaire), mais aussi à préparer le prochain. Dans beaucoup de sociétés, le plan marketing est utilisé comme base pour la budgétisation annuelle ou pluriannuelle (le plan d'entreprise sur trois ou cinq ans). Le processus itératif utilisé dans la conception du plan et la fixation des objectifs se poursuit donc : on fait des allers-retours successifs entre le plan et le budget global, puis entre les ressources disponibles et les actions marketing, puis entre le plan marketing décidé et le budget décrété, puis entre le budget révisé et le plan mis à jour. Pour faciliter ce travail d'itération, nous conseillons vivement d'utiliser des tableaux de bord, des formats et des présentations identiques pour concevoir, suivre, contrôler, évaluer, expliquer, réviser et préparer les plans marketing, budgétaires, financiers et généraux, c'est-à-dire les comptes de résultat prévisionnels et réels de l'entreprise. Le prochain plan marketing est donc construit à la fois sur l'évaluation du plan en cours, sur l'analyse de la situation (cf. le diagnostic) et sur les grands objectifs futurs (cf. le cadre de référence). La préparation se fait au dernier trimestre, ce qui permet de « boucler la boucle » :

■ RÉSUMÉ DU CHAPITRE IX

Comment exécuter, suivre, contrôler et réviser le plan marketing ?

■ L'exécution du plan marketing, qui est son achèvement et sa réalisation, est aussi critique que sa conception.

Pour la réussir, il faut peaufiner tous les détails opérationnels. Car c'est l'attention portée aux détails qui renforcera les synergies du plan dans son ensemble. Il faut donc vérifier que tous les moyens financiers, matériels et humains sont disponibles et correctement répartis entre toutes les équipes, dont le moral devra constamment être entretenu. Et que les délais sont bien calibrés en distinguant les tâches prioritaires des tâches urgentes.

Pour contrôler le plan, on doit se doter d'outils de suivi internes et externes, et d'un système d'information marketing qui permettent de mesurer et d'expliquer les écarts. Les indicateurs de performance comparent les résultats atteints avec les objectifs prévus.

Enfin, il est parfois obligatoire de réviser les moyens, les stratégies ou les objectifs du plan, afin de l'améliorer ou le rendre compatible avec les exigences de rentabilité.

Au dernier trimestre, en se fondant sur le plan en cours, évalué et révisé, on pourra préparer le prochain plan. ■

Conclusion : et après ?

Voici venir le temps de la conclusion ! Les conseils, recommandations et méthodes proposés dans ce livre doivent, à l'évidence, être adaptés à tout cas particulier que constitue une entreprise. Mais, tout en ajustant les pratiques à chaque société, il est bon de respecter certains principes de base d'un plan marketing « vite et bien ». Le plan est un cadre méthodologique, et non pas un carcan. On peut rester ouvert, créatif et innovant, tout en étant méthodique, cohérent et consistant.

À LA RECHERCHE DE LA FLEXIBILITÉ

Un plan marketing n'est jamais gravé dans le marbre, même à Rome ! Au fil de son exécution, les conditions économiques ou de marché vont évoluer. Certaines stratégies ou actions ne seront pas aussi efficaces qu'on le pensait à l'origine. D'autres, au contraire, vont se révéler très « payantes ». Il s'agira de corriger, modifier ou stopper les premières (quand cela est possible) et, à l'inverse, d'intensifier les deuxièmes (en investissant plus). Certaines actions peuvent aussi prendre du retard. Par expérience, nous savons que tout ce qui touche au produit ou à l'innovation est souvent long, incertain et risqué (sur le plan du temps de conception, des tests et des validations industrielles). D'où, dans beaucoup de firmes, les grandes révisions de plan marketing par trimestre ou semestre, devant la direction générale ou la présidence, en plus du suivi hebdomadaire ou mensuel.

Faire du business au XXIe siècle sera de plus en plus difficile, car les interactions sont plus nombreuses, la complexité croît de manière exponentielle, les horizons de planification se raccourcissent, l'exigence de vitesse est oppressante, et l'environnement économique, social, politique, culturel, technologique, éthique et écologique change en permanence. Or, jamais la pression sur les résultats n'a été aussi forte, ainsi que le besoin de rapidité. Si bien que faire du marketing demain ne sera pas comme faire du marketing aujourd'hui. C'est à une révolution culturelle que nous invite le plan marketing vite et bien. Il va falloir changer la relation que l'entreprise entretient avec son marché et passer :

De la taille écrasante	à	la rapidité flexible
De la stabilité paralysante	à	l'adaptation au changement
De la hiérarchie pesante	aux	équipes autonomes
Du simple service aux clients	aux	entreprises orientées client
Des gestionnaires bureaucratiques	aux	développeurs créatifs
Des exécutants moutonniers	aux	collaborateurs responsables
Des petits chefs	aux	grands chefs

■ À LA RECHERCHE DE LA DIFFÉRENCE PERTINENTE

Si l'on skie en tee-shirt à Tignes, en plein mois de janvier, on se fera remarquer sur les pistes, mais on risque d'attraper un sacré rhume ! La différence pour la différence n'a aucun intérêt. Dans l'entreprise, la différence crée de la valeur, seulement si elle est pertinente. Le marketing sert à construire cette différence pertinente.

Les plans marketing gagnants, dans le futur, seront ceux qui, tout en tenant compte des plans des autres, cherchent avant tout à créer un trait d'union créatif et novateur entre les besoins de la demande et les ressources-clés de l'entreprise. « Marketer », c'est améliorer l'aptitude à satisfaire les besoins, les motivations et les désirs des clients. L'entreprise doit cultiver non pas son jardin, mais sa capacité créative à utiliser l'ensemble de ses compétences, de ses forces et, si possible, de ses avantages concurrentiels, pour se créer de nouvelles opportunités sur son marché direct ou sur des marchés connexes.

Nous souhaitons donner un conseil marketing aux PME ou TPE qui constituent, ne l'oublions pas, l'essentiel du tissu économique français, mais dont la faiblesse relative est patente par rapport aux concurrents allemands ou japonais, par exemple. Elles doivent être plus exigeantes, sélectives et segmentantes dans le choix des marchés et des clients qu'elles visent ou à qui elles souhaitent s'adresser. Quitte à réduire la taille de leur potentiel, elles doivent concentrer leur énergie et leurs ressources, souvent limitées, sur le développement et le renforcement d'une relation plus poussée avec leurs clients. Car la relation client, ce n'est pas qu'une affaire de budget. Pour celles qui croient en l'imagination et la créativité, il existe une infinité de façons de créer des liens solides avec ses clients.

■ À LA RECHERCHE D'UN NOUVEAU MARKETING

Les entreprises sont sous pression parce que l'environnement est incertain, les clients sont plus exigeants, la concurrence s'accroît, les changements organisationnels s'amplifient (réduction des effectifs, fusions, alliances, élimination des échelons hiérarchiques, réorganisation matricielle entre le « local » et le « global », etc.). Mais, selon nous, elles sont surtout sous pression parce que leur marketing est défaillant. Parce que leur plan marketing est déficient. La conquête des marchés de demain passe par une nouvelle pratique du marketing :

- renforcer l'orientation marché ;
- mettre le « paquet » sur la création d'avantages et de valeur pour les clients, supérieurs à ceux des concurrents ;
- bâtir le positionnement sur les compétences-clés et les atouts marketing ;
- établir des relations plus proches avec ses clients ;
- élaborer des stratégies compétitives, voire « guerrières » ;
- repenser le rôle du marketing.

Ce dernier point n'est pas une nouvelle « tarte à la crème » jetée à la face des opérationnels et des stratèges. Nous militons pour un marketing fort et central dans toutes les entreprises, même les plus petites. Le marketing n'est non pas une fonction spécialisée au sein d'un département, mais un état d'esprit global dans l'entreprise. Comme l'écrivait Brown, déjà, en 1995, c'est-à-dire un bail dans les affaires : « *Il y a deux types de firmes : celles avec un département marketing et celles avec une âme marketing*[1]. »

Le marketing n'est pas une fonction, mais la fonction de l'entreprise !

---

1. S. Brown, *Postmodern Marketing*, Londres, Routledge, 1995.

▪ À LA RECHERCHE DES TALENTS

Nous avons défini le marketing comme la conquête scientifique des marchés. Le plan marketing vite et bien, présenté dans ce livre, propose une démarche rationnelle de conception, de rédaction et d'exécution de la politique marketing. Cette démarche se veut « scientifique », non par la garantie des résultats, bien sûr, mais par sa méthode. Car elle se fonde sur l'analyse des faits, internes et externes, la vision et le projet de l'entreprise, ses objectifs quantitatifs ou qualitatifs, puis les stratégies argumentées, les moyens d'action chiffrés et programmés, leur contrôle, leur évaluation et leur révision.

Le plan marketing vite et bien n'est certes pas une assurance tous risques, mais il est un solide réducteur d'incertitude et un puissant levier d'optimisation du résultat opérationnel. Si l'on suit les étapes et la méthode recommandées dans cet ouvrage, l'exercice du plan marketing deviendra plus facile, plus professionnel et, on l'espère, plus passionnant, car on pourra se concentrer sur la réflexion et l'action, sans avoir à réinventer la trame et le processus.

Mais le meilleur plan marketing du monde, si tant est qu'il existe, ne peut pas tout prévoir, et sûrement pas les forces extérieures, de plus en plus mondialisées et complexes, qui agissent sur les marchés, les clients et les entreprises. Et que dire du facteur humain ? C'est un aspect souvent délaissé par les responsables marketing, plus préoccupés par les copies stratégies, les positionnements et les concepts. La base de tout, en entreprise, ce sont les hommes et les femmes. À chaque étape du plan, derrière les méthodes, que nous avons cherchées à rationaliser, derrière les chiffres et les faits, qui restent têtus, derrière les analyses ou les synthèses, qui se veulent impartiales, se profilent des équipes bien humaines, qui conçoivent, rédigent et exécutent. Le plan marketing est aussi une affaire d'hommes et de femmes. Et ces hommes et ces femmes ne se mettent pas en équation. Rappelons-nous que les individus les plus talentueux et les plus créatifs, ceux dont a justement besoin le marketing, échappent à la machinerie des procédures, des planifications et des institutions. Ils les manipulent plus qu'ils ne sont manipulés par elles !

À ceux qui s'interrogent sur le profil que doit avoir un collaborateur pour exceller dans le domaine du marketing et concocter des plans marketing gagnants, nous répondrons ceci : « *Il faut être jeune, fort et beau !* »

Pas physiquement s'entend – même si cela peut aider – mais mentalement. **Jeune dans sa tête,** car faire du marketing, c'est sentir les tendances, s'ouvrir sur l'extérieur, créer, innover, saisir ce qui commence, comprendre les tendances, mais aussi réagir, contre-attaquer et intégrer les nouvelles pistes. **Fort dans sa tête,** car le marketing est une discipline stressante ; la pression du temps et des résultats est double : à l'externe, les concurrents veulent vous battre ; à l'interne, il faut faire jouer l'orchestre sans avoir le pouvoir hiérarchique sur les musiciens. **Beau dans sa tête,** car, fondamentalement, le marketing est affaire de séduction : il faut séduire le client pour qu'il achète le produit, la hiérarchie pour qu'elle accepte le plan et les autres collaborateurs pour qu'ils l'exécutent.

Alors soyez jeunes, forts et beaux, et les vaches seront bien gardées… Pardon… et le plan marketing sera un succès !

▪ UN RÉSUMÉ DU PLAN MARKETING VITE ET BIEN

▪ Le plan marketing, préparé au dernier trimestre, est un document composé de l'analyse de la situation actuelle, des menaces et opportunités du marché, des forces et faiblesses de l'entreprise, des objectifs, de la stratégie et des actions chiffrées, budgétées, programmées et responsabilisées. Il a pour dessein d'optimiser le profit de l'entreprise et de construire son offre compte tenu de la demande, du jeu des autres et des moyens dont on dispose dans un cadre politique, éthique et durable choisi.

Pour le développer, il faut quelques jours, de la méthode, un responsable marketing (ou le patron lui-même) qui soit un concepteur imaginatif, un rédacteur motivant et un contrôleur rigoureux ! Il s'inscrit dans le cadre général de l'entreprise : son projet, sa mission, ses compétences-clés, ses valeurs, sa culture, ses objectifs de rentabilité et sa position sur le marché (leader, challenger ou entrant).

Sa conception débute par un diagnostic marketing qui analyse et synthétise les menaces et opportunités de l'environnement, de la concurrence et des clients (leurs besoins et motivations), ainsi que les forces et faiblesses marketing de l'entreprise. La finalité du diagnostic, externe et interne, est d'identifier des segments à cibler.

Il fixe ensuite les objectifs datés et hiérarchisés (chiffre d'affaires, parts de marché, rentabilité, croissance et buts qualitatifs), et les stratégies permettant de les atteindre, en particulier le positionnement *(Qu'allons-nous vendre ? À qui ? Avec quel bénéfice consommateur ? Contre qui ?).*

Puis il détermine les actions sur le *mix* : la gamme produit (caractéristiques, performances, marque, emballage, services, etc.), le prix, la communication au sens large (publicité, promotion, marketing direct, événements, Internet, merchandising, etc.) et la distribution (choix des canaux et gestion de la force de vente). Ces actions sont ensuite budgétées et programmées dans le temps et l'espace. Le plan marketing est alors chiffré et sa rentabilité calculée.

Le plan marketing se matérialise sous forme d'un document clair, concis, engagé et spécifique, d'environ huit pages, hors annexes, confidentiel et mobilisateur. Une fois rédigé par le responsable marketing, validé par le patron et communiqué aux équipes, le plan est exécuté en soignant chaque détail opérationnel et en respectant les échéances et les budgets. Le suivi et le contrôle de l'exécution, grâce à un système d'information marketing adéquat, permettent de réviser le plan et de le rendre compatible avec les ressources disponibles et les exigences des actionnaires ou des propriétaires. ▪

Les annexes vite et bien

▣ UN TABLEAU POUR CHOISIR SON POSITIONNEMENT STRATÉGIQUE[1]

Le positionnement bas prix s'oppose au positionnement prix cher, le *premium* à la qualité basique, l'innovation à l'imitation, le service supérieur au service limité, la différenciation à la similarité, le sur-mesure à la standardisation.

▣ DIX PIÈGES À ÉVITER EN MARKETING

1. Ne pas faire de plan.
2. Passer des mois à concevoir et rédiger le plan.
3. Ne pas tenir compte du cadre de référence.
4. Ne pas avoir d'avantages concurrentiels.
5. Avoir un positionnement vague ou indifférencié.
6. Sous-estimer les concurrents.
7. Surestimer les objectifs.
8. Se tromper de prix.
9. Avoir un écart trop grand entre l'image voulue et perçue.
10. Ne pas motiver les équipes.

Et l'on aurait pu ajouter :

11. Perdre de l'argent à court terme en ayant seulement une vision à long terme.
12. Gagner de l'argent à court terme sans avoir de vision à long terme.
13. Ne pas cibler avec précision les clients.

---

1. Adapté de *Marketing Strategy and Competitive Positioning*, G. HOOLEY, N. F. PIERCY et B. NICOULAUD, 4e édition, Prentice Hall, 2008.

Six positionnements stratégiques

Positionnement concurrentiel	Clients	Focus stratégique	Compétences nécessaires
Bas prix	• sensibles au prix ; • indifférents à la haute qualité.	• efficacité interne ; • réduction des coûts.	• systèmes efficaces de contrôle des coûts ; • systèmes d'information.
Premium	• exigeants et perspicaces ; • moins sensibles au prix.	• contrôle de la qualité ; • gestion de l'image.	• sens marketing ; • systèmes de contrôle de la qualité ; • image et réputation de la marque ou entreprise.
Innovation	• innovateurs et aventureux.	• être le premier sur le marché ; • amélioration permanente.	• compétences pour identifier les besoins et les trous de marché ; • R&D créatif ; • département nouveau produit.
Service supérieur	• sensibles au service ; • moins sensibles au prix.	• gestion de la relation client.	• attention portée aux détails du service ; • personnel qualifié et motivé ; • contrôle et *feed-back* permanents.
Différenciation	• clients cherchant des bénéfices particuliers.	• dominance du segment.	• sens marketing ; • créativité en segmentation ; • capacités à créer des produits ou services originaux.
Sur-mesure	• clients individuels.	• personnalisation aux exigences du client individuel.	• capacité à écouter les exigences du client ; • relation et liaison client poussées.

▪ VINGT DIAPOSITIVES POUR PRÉSENTER EN RÉUNION LE PLAN MARKETING

Plan marketing entreprise ABC

Année 20XX

Préparé et présenté par P. Villemus
Le 4 décembre 20XX

1

Les objectifs 20XX

- Atteindre 45 millions d'euros de CA (+ 6 % en valeur et + 4 % en volume).
- Atteindre 22 % de contribution en % du CA et dégager 9,9 millions d'euros de contribution.
- Gagner 1,5 point de part de marché valeur (passer de 26 % à 27,5 %).
- Augmenter la notoriété de 5 points.
- Moderniser l'image de la marque par une nouvelle communication.

2

**Le contexte :
un environnement favorable**

- Un environnement favorable à la construction de logements.
- Exonération de TVA sur les produits favorisant les économies d'énergie.
- Hausse très forte du pétrole incitant aux produits d'isolation.
- Normes renforcées sur la protection de la nature et de la santé.

3

**Le contexte : un marché en
croissance de 10 % par an**

- Le marché a crû de 10 % en 20XX.
- Le marché a crû de 8 % en volume.
- Le marché permet des marges supérieures à 40 %.
- De nouveaux entrants à forte capacité financière.
- Le marché se développe vers le double vitrage et les systèmes automatisés.

4

Évolution des parts de marché

Entreprises	20X1	20X2	20X3	20X4
ABC	22 %	23 %	23,5 %	26 %
Concurrent 1	21 %	23 %	22 %	21 %
Concurrent 2	19 %	17 %	16 %	13 %
Concurrent 3	4 %	7 %	9 %	10 %

5

Évolution des ventes

En millions	20X1	20X2	20X3	20X4
Produit A	14	17	19	20
Produit B	–	–	6,5	8
Produit C	14	17	15,7	14,5
Total ABC	28	34	41,2	42,5

6

<table>
<tr><td valign="top">

Nos forces et faiblesses

- Forces : le succès de la gamme B, notre notoriété en croissance.
- Faiblesses : le déclin de la gamme C et une politique promotionnelle pas assez agressive.

7

</td><td valign="top">

Bilan produit

- La gamme A a crû de 5 %.
- La nouvelle gamme B a crû de 23 %.
- L'ancienne gamme C a décliné de 8 %.
- Les performances de B sont très supérieures aux concurrents.
- Notre offre volets est incomplète.

8

</td></tr>
<tr><td valign="top">

Bilan prix

- Nos produits sont en moyenne 15 % plus chers que la moyenne du marché et 3 % plus chers que notre principal concurrent.
- Le concurrent 3 a baissé ses prix de 20 % en 20XX.
- Concurrence accrue des produits discount venus de Chine.

9

</td><td valign="top">

Bilan image et notoriété

- Notre notoriété est inférieure à notre concurrent direct, mais elle progresse (+ 5 points en spontané).
- Notre image véhicule le sérieux mais manque un peu de modernité.
- Notre nouvelle campagne a montré des limites sur les hauts revenus.

10

</td></tr>
<tr><td valign="top">

Bilan distribution

- Nos magasins en propre ont décliné de 4 %.
- Nous progressons de 26 % dans le circuit grandes surfaces de bricolage, qui représente désormais la moitié de notre CA.
- Notre marge en GSB est de seulement 36 %.

11

</td><td valign="top">

Stratégie

- Accroître notre pénétration en GSB.
- Changer notre communication pour moderniser notre image.
- Investir plus en publicité pour accroître la notoriété.
- Fidéliser les clients actuels par des offres groupées.
- Gagner 10 % de nouveaux clients par l'innovation.

12

</td></tr>
</table>

Plan d'actions
sur les produits

- Lancer une nouvelle gamme de produits automatisés.
- Abandonner la gamme C.
- Réduire les coûts de la gamme A.
- Élargir la gamme B.

13

Plan d'actions
sur les prix

- Maintenir les prix de la gamme B.
- Baisser les prix de la gamme A de 3 %.
- Augmenter les prix de la gamme C de 10 % avant abandon.
- Lancer la nouvelle gamme premium à +15 % par rapport au marché.

14

Plan d'actions
sur la communication

- Développer une nouvelle campagne pour diffusion en mai 20XX.
- Campagne affichage et presse locale en mars, mai, juin et septembre pour 1 million d'euros.
- Nouveau site Internet à partir de février 20XX.

15

Plan d'actions
sur la promotion

- Lancer des promotions groupées sur la gamme A (3e volet offert) et faire du marketing direct sur cette gamme.
- Arrêter les promotions sur la gamme C.
- Faire des offres d'essai sur la gamme B.
- Préparer un événement sur la nouvelle gamme en juin 20XX.

16

Plan d'actions
sur la distribution

- Référencer nos gammes chez UTC et BNG.
- Campagne TG avec un VTT à gagner en mars, mai et septembre 20XX.
- Implanter la nouvelle PLV et merchandising dans nos magasins en propre à partir de mai 20XX.

17

Calendrier des actions

18

Budgets

19

P&L

20

■ 100 QUESTIONS POUR CONCEVOIR LE PLAN MARKETING

En répondant, les unes après les autres, aux questions ci-dessous, on peut concevoir un plan marketing rapidement et efficacement :

1. Qui concevra, décidera, rédigera et exécutera le plan ?
2. Quel est notre projet d'entreprise (notre raison d'être) ?
3. Où veut-on aller ?
4. Quel est notre métier ? Sur quel marché ? Que deviendra-t-il ? Que devrait-il être ?
5. Quels sont nos clients ?
6. Que leur apportons-nous ?
7. Quels besoins notre entreprise satisfait-elle ? Quels sont les facteurs (technologie, prix, distribution, etc.) influençant le métier ?
8. Existe-t-il une culture, ou des valeurs, qui influence la façon de satisfaire les consommateurs, de vendre aux clients, de développer des nouveaux produits, etc. ?
9. Quelles sont nos compétences-clés ?
10. Quels sont nos avantages concurrentiels spécifiques, durables et meilleurs que les concurrents ?
11. Quels sont nos objectifs généraux de rentabilité et de position sur le marché ?
12. Quel impact a sur nous l'environnement démographique, économique, réglementaire, technologique, socioculturel, naturel, spécifique ?
13. Quel est notre marché ? Est-il nouveau, mature, saturé, très concurrencé ?
14. Quelle est sa taille (en chiffre d'affaires et en volume) et quelle est sa croissance ?
15. Qui sont les clients ? Qui sont les concurrents ? Qui sont les fournisseurs ou distributeurs incontournables ?
16. Quels sont les principaux produits ou services vendus et quelles sont les parts de marché (valeur, volume, relative) ?
17. Quels sont les circuits de distribution accessibles ? Sont-ils coûteux ? exclusifs ? Peut-on vendre en ligne ?
18. Quelles sont les méthodes de communication ? Presse, TV, mail, salons, foires, etc. ? Quels sont les types de promotion utilisés ?
19. Quels sont les développements en cours ? Quels types de nouveaux produits, ou services, sont lancés ? Quelle technologie faut-il maîtriser ?

20. Est-ce que les règlements sont contraignants ? Vont-ils changer ? Quels standards de produits ou services faut-il respecter ? Quels brevets faut-il avoir ?

21. Qui achète ? Qu'est-ce que les clients achètent ? Combien achètent-ils ? Où ? Quand ? Comment ?

22. Pourquoi achètent-ils ? Quels sont les besoins et motivations ?

23. Y a-t-il des acheteurs intermédiaires ? Qui sont les prescripteurs ou leaders d'opinion sur ce marché ?

24. Quelle est la segmentation du marché ? Quels critères de segmentation peut-on appliquer aux clients (sociodémographiques, socio-styles, comportements, etc.) ?

25. Qui sont les concurrents directs ? Quelle est leur part de marché ? Quel est leur *mix* marketing ? Quelle est leur taille en comparaison de celle de l'entreprise ?

26. Quels biens ou services fabriquent-ils ou vendent-ils ? Quel est leur prix comparé au nôtre ? Quels sont leurs circuits de distribution ? Ont-ils récemment lancé des nouveaux produits ?

27. Quelle est leur capacité financière ? À qui appartiennent-ils ? Quelle est leur capacité de réaction (innovation, guerre des prix, promotion) ? Quelle est leur stratégie ? Et, mieux, quel est leur plan ?

28. Qui sont les concurrents indirects ? Quels sont les entrants potentiels sur le marché ?

29. Quels sont les autres acteurs (fournisseurs, distributeurs, pouvoirs publics, prescripteurs, actionnaires, banquiers) qui ont une influence sur le marché ou sur nous ?

30. Quelles sont les principales menaces et opportunités de l'environnement et du marché ?

31. Quelle est la compétence-clé nécessaire pour percer dans le domaine d'activité ?

32. Avons-nous cette compétence ?

33. Quelles sont les principales contraintes « politiques » de l'entreprise ?

34. Quelles sont nos forces et faiblesses en R&D, en production et *supply chain*, en finance, en ressources humaines et en commercial ?

35. Quelles sont nos forces et faiblesses produit ?

36. Quelles sont nos forces et faiblesses prix ?

37. Quelles sont nos forces et faiblesses en communication ?

38. Quelles sont nos forces et faiblesses en distribution ?

39. Quels segments allons-nous viser ?

40. Quels sont nos critères de segmentation ?
41. Pourquoi ces segments sont-ils attractifs pour nous ?
42. Quels sont nos objectifs de vente en chiffre d'affaires et en volume ?
43. Quels sont nos objectifs de rentabilité ? bénéfice ? ROI ? *payback* ? bénéfice par action ? marge ? contribution ?
44. Quels sont nos objectifs de parts de marché (valeur, volume, relative) ?
45. Quels sont nos objectifs de croissance interne ?
46. Quels sont nos objectifs de croissance externe (acquisition, franchise, licence, alliance) ?
47. Quels sont nos objectifs qualitatifs (image, notoriété, satisfaction des clients, fidélité, pénétration, sécurité, autres) ?
48. Quelle sera notre cible prioritaire ?
49. Quelle sera notre approche du marché (fidélisation ou pénétration ; par la différenciation ou par les coûts ; innovateur ou suiveur) ?
50. Quel sera notre positionnement : qu'allons-nous vendre ? À qui ? Contre qui ? Avec quel bénéfice ?
51. Quelles seront les orientations générales sur le *mix* ?
52. Quelles seront les dépenses stratégiques ?
53. Quelles solutions pour résoudre les problèmes ?
54. Quels avantages peut-on tirer des opportunités ?
55. La stratégie correspond-elle aux objectifs visés ?
56. Est-elle compatible avec les ressources financières, techniques, commerciales et humaines de l'entreprise ?
57. Est-elle supérieure à celle des concurrents ?
58. Est-elle rentable ?
59. L'entreprise va-t-elle utiliser les produits actuels (en les consolidant, en les standardisant ou en investissant plus, par exemple) ?
60. Va-t-elle les modifier et les améliorer (en changeant une ou plusieurs caractéristiques) ?
61. Va-t-elle lancer de nouveaux produits ? Va-t-elle en abandonner ?
62. Va-t-elle développer des extensions de ligne avec les marques existantes ?
63. Que font nos produits ? Qu'apportent-ils aux clients ? Quelle est leur performance dans la satisfaction des besoins des clients ?
64. Quelle est leur performance par rapport aux biens ou services des concurrents ? Quel produit les clients préfèrent-ils ?
65. Que seront la marge, la contribution, le profit, les *cash flows* générés par les produits ?

66. Quelle sera notre politique de marque ?

67. La marque choisie est-elle facile à apprendre et mémoriser, originale, protégeable ? Suggère-t-elle le produit ou des traits d'image essentiels au positionnement ?

68. Quelle sera notre politique de prix ?

69. Quelle est l'élasticité de la demande au prix sur le marché et sur les segments sélectionnés ?

70. Quel est le seuil de prix à partir duquel les coûts et les frais commencent à être couverts ?

71. Quel est le plafond de prix au-dessus duquel les clients ne sont pas prêts à acheter le bien ou le service ?

72. Quelle est la politique de prix des concurrents (baisse, hausse ou maintien) ?

73. Que décide-t-on *in fine* (hausse, baisse ou maintien) ?

74. Que prévoit-on s'il faut moduler les prix (remises, promotions, différenciation selon les cibles ou le temps, etc.) ?

75. Quelle sera notre politique de communication ?

76. Quel message va-t-on transmettre ?

77. Est-ce que la création correspond à la cible visée, communique le bénéfice consommateur, apporte la preuve du bénéfice et respecte la personnalité de la marque ?

78. L'idée de vente est-elle stratégique, compréhensible, étonnante, visuelle, convaincante, spécifique, déclinable et mémorisable ?

79. L'exécution est-elle simple, forte et bien signée ? Communique-t-elle ce que l'on veut communiquer et respecte-t-elle les contraintes spécifiques ?

80. Quel canal allons-nous utiliser ? Va-t-on faire de la publicité ou de la promotion ? Si l'on choisit la publicité, quel média ? Si l'on choisit le hors-média, quel type de promotion ?

81. Quel est le budget disponible ?

82. Est-ce que l'action répond aux objectifs fixés ?

83. Est-ce que l'action est en cohérence avec la stratégie ?

84. Est-ce que l'action est plus efficiente que les autres actions envisageables ?

85. À partir de quel chiffre d'affaires additionnel l'action sera-t-elle remboursée ?

86. Quelle sera notre politique de distribution ?

87. Les canaux envisagés ont-ils une bonne couverture et une bonne image, et leur personnel est-il compétent ?

88. Quels sont les coûts de référencement et de gestion ? Quelles sont les marges dégagées pour nous dans ce circuit ?
89. Doit-on vendre sur Internet et comment ?
90. Quel est le plan final de distribution ?
91. Quels sont les objectifs de la force de vente ?
92. Quel chiffre d'affaires peut-on atteindre ?
93. A-t-on l'argent pour réaliser les actions choisies ?
94. Le plan proposé est-il rentable ?
95. Quel est le budget de nos principaux concurrents ?
96. Quelle est la contribution ? Quel est le retour sur investissement ? Quel est le *payback* ?
97. Le plan rédigé est-il clair, concis, engagé, spécifique, motivant ?
98. Les ressources budgétaires, matérielles et humaines ont-elles été correctement allouées et réparties ?
99. Quels sont nos indicateurs de performance ? Compare-t-on et explique-t-on systématiquement les résultats atteints avec les objectifs ?
100. Avons-nous des collaborateurs talentueux ?

■ LES RUBRIQUES DU *BRIEF* DE COMMUNICATION

Écrit par l'annonceur et présenté à l'agence :

1. **La raison du *brief*** (renouvellement de la campagne, modification du positionnement, amélioration d'un attribut produit, lancement d'un nouveau produit, etc.).
2. **Le contexte du marché** : principales attentes, usages, attitudes et motivations des clients, taille et structure du marché, etc.
3. **Le diagnostic des principales marques** du marché avec une emphase sur leurs images respectives.
4. **La cible** : définie en termes quantitatifs et qualitatifs.
5. **Le bénéfice ou promesse** : c'est l'avantage spécifique et primaire que le produit offre aux clients.
6. **La justification ou preuve**[1] : c'est la preuve, souvent rattachée à un élément physique du produit, de ce que la marque promet d'apporter. C'est elle qui peut convaincre le client potentiel de la supériorité de la marque et donc déclencher l'achat.

---

1.   En anglais, *reason why*.

7. **La personnalité ou le ton** : elle décrit la marque comme un être humain. Elle permet aux responsables marketing ou publicitaires d'imaginer ce que les clients pensent de la marque.
8. **Le budget.**
9. **Les contraintes.**
10. **Le plan d'actions** : délais (remise des propositions, date du début de la campagne, etc.), utilisation éventuelle des tests, etc.

■ LES RUBRIQUES DE LA COPIE STRATÉGIE

Écrite par l'agence et validée par l'annonceur :

1. **La description des attributs** principaux ou uniques du produit (l'origine spéciale d'un arabica, le délai de livraison pour un vépéciste, l'assouplisseur intégré dans une lessive).
2. **Le bénéfice consommateur,** qui est le cœur de la stratégie (la promesse de dents blanches, le prix chez un *hard discounter*).
3. **La justification**, qui est la raison spécifique rendant crédible le bénéfice consommateur.
4. **La cible** : c'est le groupe de consommateurs visés auxquels s'adresse en priorité la publicité.
5. **La personnalité ou ton** : ce sont les traits de caractère de la marque qui la différencient de ses concurrents.
6. **Les contraintes** : techniques, budgétaires, juridiques, éthiques, sociétales, marketing (une musique spéciale, un *packshot*[1] précis, etc.).

■ L'IMPACT DES MÉDIAS ET LEUR COÛT AUX MILLE

Le coût au contact utile est le coût de l'insertion dans le support, divisé par l'audience utile (le nombre de personnes appartenant à la cible). En général, il est calculé pour mille contacts, d'où l'expression « coût aux mille ».

---

1. C'est la photo du produit sur l'annonce, le catalogue, l'affiche, etc.

Comparaison entre l'impact et le coût aux mille des médias classiques

Classement selon l'impact (du plus fort au moins fort)	Classement selon le coût aux mille (du plus cher au moins cher)
1. Cinéma	1. Cinéma
2. Télévision	2. Affichage
3. Affichage	3. Presse
4. Presse	4. Télévision
5. Radio	5. Radio

À la lecture du tableau ci-dessus on comprend pourquoi la télévision est très recherchée par les grandes entreprises : elle a plus d'impact que l'affichage ou la presse, alors qu'elle est moins chère en coût aux mille que ces deux médias aussi grand public.

■ L'EFFICACITÉ DES MOYENS DE COMMUNICATION SELON AIDA

L'efficacité des moyens de communication selon AIDA

	Attention (notoriété)	Intérêt (réputation)	Désir	Achat
Publicité	++++	+++	++	+
Relations publiques	+++	++	++	+
Parrainage	+++	++	+	+
Marketing direct	+	+	++	+++
Promotion des ventes	+	++	+++	++++
Force de vente	+	++	++++	++++

Lecture : plus il y a de croix, plus le moyen est efficace.

Les tests de validation par élément du *mix* et par objectif

Élément testé	Objectif	Type de test
Concept produit ou publicitaire	Évaluer une idée de nouveau produit ou une idée publicitaire.	Test de concept où l'idée est présentée en quelques mots ou images. Réunion de groupe.
Produit	Mesurer les : • performances du produit dans l'absolu ; • performances par rapport aux concurrents.	Plutôt quantitatifs et d'usage : • monadique en aveugle ; • comparatif (en aveugle ou identifié).
Packaging	Mesurer : • l'impact (visibilité et lisibilité) ; • image et évocation ; • praticité.	Quantitatifs ou qualitatifs : • mise en linéaire ; • *look tests* (on fait noter l'emballage sur des critères) ; • tests utilisation.
Nom	Évaluer : • les évocations ; • la préférence parmi plusieurs noms.	Plutôt qualitatif : • réunions de groupe ; • quantitatifs (choix parmi une liste de noms).
Prix	Évaluer : • l'acceptabilité ; • la compétitivité.	Quantitatifs (attention fiabilité) : • tests d'acceptabilité ; • tests intention d'achat ; • achats simulés en magasin témoin.
Pré-tests de communication	Évaluer : • attention et intérêt ; • identification et compréhension ; • crédibilité et suggestibilité.	Réunions de groupe : • *folder test*[1] (pour la presse) ; • marché test ; • plutôt qualitatifs.
Mix complet	Évaluer l'ensemble du *mix* : • intention d'achat ; • parts de marché.	• marchés tests réels sur une zone géographique ; • marchés tests simulés en laboratoire.

---

1. Le *folder test* consiste à insérer l'annonce dans un magazine ou un classeur et à le faire feuilleter (*to fold* en anglais) par des clients, puis à les interroger sur les annonces dont ils se souviennent.

Le glossaire vite et bien

Above the line : dépenses situées « au-dessus de la ligne », c'est-à-dire en télévision, Internet, presse, affichage, radio et cinéma.

AIDA : acronyme pour « Attention, Intérêt, Désir, Action (ou Achat) », utilisé en communication pour définir un modèle séquentiel de persuasion.

Avantage concurrentiel : compétence-clé spécifique, durable et meilleure que celle des concurrents.

Besoin : état de manque qui se traduit par une action, un comportement ou un achat, par exemple.

Bénéfice consommateur : avantage fonctionnel, psychologique ou sociologique qu'un consommateur peut retirer de la consommation d'un bien ou de l'utilisation d'un service.

Below the line : dépenses situées « au-dessous de la ligne », c'est-à-dire le hors-média (voir ce mot).

Benchmarking : étalonnage des performances par rapport aux concurrents.

Brief : cahier des charges remis aux agences, qui indique où l'on veut aller et non pas ce qu'il faut faire.

B to B : *business to business*, c'est-à-dire le marketing d'une entreprise vers une autre entreprise (on dit aussi « marketing industriel »).

B to C : *business to consumer*, c'est-à-dire le marketing d'une entreprise vers un individu.

Canal de distribution : ensemble des entreprises qui permettent au bien ou au service d'être mis à disposition des clients.

Category management : organisation du point de vente selon l'optique du client et non des fabricants, qui a pour but d'optimiser les ventes.

Contribution : abrégé de « contribution aux frais fixes et au profit », c'est-à-dire le chiffre d'affaires net moins les coûts du produit moins les dépenses marketing et commerciales.

Copie stratégie : cahier des charges donné aux créatifs d'une agence pour concevoir la création publicitaire ; elle a pour but de définir le contenu de ce qu'il faut communiquer aux consommateurs.

Couverture : pourcentage d'une population cible qui a vu, entendu ou lu une publicité.

Création de valeur : ensemble des actions visant à augmenter le profit ou la valeur des actifs d'une entreprise.

Culture : ensemble des valeurs, normes, expériences, coutumes et croyances qui caractérisent et gouvernent une firme et ses employés.

Demande : part de marché d'un produit ou d'un service dans les points de vente où il est distribué. C'est aussi le pendant de l'offre, c'est-à-dire l'ensemble de tous les clients.

DN : distribution numérique, c'est-à-dire le nombre de points de vente qui commercialiseront le produit, exprimé en pourcentage des magasins qui le détiennent.

DV : distribution valeur, c'est-à-dire le poids que représentent les magasins détenteurs du produit dans les ventes globales de la catégorie de produit.

ECR : *Efficient Consumer Response* (réponse efficace au consommateur), c'est-à-dire l'organisation entre le distributeur et l'entreprise visant à accroître la productivité de la distribution des produits.

Écrémage : politique de prix élevés.

Élasticité de la demande au prix : influence du niveau de prix sur le niveau des ventes.

Fidélité : attachement du client à une marque qui se mesure par son taux de rachat et le pourcentage (taux de nourriture ou de fidélité) des achats d'un produit réalisés par un client dans l'ensemble des achats ou services de même catégorie faits par ce client.

GRP : *Gross Rating Point*, c'est-à-dire le taux de couverture multiplié par la répétition moyenne.

Hors-média : tout ce qui n'est pas média, c'est-à-dire promotion des ventes, marketing direct, parrainage, mécénat, relations publiques (ou presse), événementiel, foires, salons, etc.

Idée de vente : idée créative qui exprime le bénéfice consommateur.

Image de marque : représentations mentales que le client se fait d'une marque.

Marge : différence entre le chiffre d'affaires net et les coûts du produit.

Marketing : conquête scientifique des marchés qui consiste, pour optimiser le profit de l'entreprise, à construire son offre, compte tenu de la demande, des jeux des autres et des moyens dont on dispose dans un cadre politique choisi.

Marketing direct : communication interactive et individualisée qui cherche à obtenir une réponse du client.

Marketing relationnel : ensemble des techniques permettant d'établir une relation durable avec les clients.

Marketing viral : création d'un message marketing dans l'intention que le client l'envoie à quelqu'un de son entourage.

Marque : nom, terme, signe, symbole, dessin ou combinaison de ces éléments servant à identifier les biens ou les services d'un vendeur et à les différencier de ses concurrents.

Mécénat : actions, plutôt culturelles, d'intérêt général, sans exploitation commerciale, mais avec avantage fiscal.

Merchandising : ensemble des techniques et outils visant à optimiser l'exploitation du point de vente, ou du linéaire, où sont présentés les produits.

Mise en avant (tête de gondole) : action temporaire en magasin visant à promouvoir le produit.

Mission : raison d'être de la firme aujourd'hui, qui explique ce à quoi sert l'entreprise et qui elle satisfait.

***Mix* marketing** : ensemble des actions qui portent sur le produit, le prix, la communication et la distribution (les 4P).

Motivation : ensemble des motifs qui expliquent un acte (un achat, par exemple), et qui apportent du « plaisir » à l'individu.

Multicanal : système de distribution qui utilise plusieurs canaux de distribution.

NA : nombre d'acheteurs d'un produit.

Notoriété : présence dans l'esprit des clients d'une marque ou d'une entreprise. Elle se calcule par le pourcentage (taux de notoriété) de personnes, dans un marché donné, qui connaissent, par exemple, une marque.

Nourriture : part d'un produit (ou d'une marque) dans les achats faits par un client de tous les produits de la même catégorie.

Objectif : résultat visé, ou nécessaire, qui doit être atteint dans un temps donné.

Panel : échantillon représentatif et permanent d'une population donnée.

Parrainage : action de communication visant à faire connaître l'entreprise en soutenant un événement (sportif, culturel, social, etc.) ou une équipe, tout en y associant son nom.

Part de marché : pourcentage des ventes représenté par un produit dans les ventes totales du marché.

Part de voix : part des dépenses publicitaires d'une marque par rapport au total des dépenses publicitaires du marché.

Payback : durée nécessaire, en mois ou en années, pour récupérer un investissement initial.

Pénétration : pourcentage de clients achetant une marque par rapport au nombre total de clients du marché.

Plan marketing : document composé des objectifs, de l'analyse du contexte, des menaces et opportunités du marché, des forces et faiblesses de l'entreprise, de la stratégie et des actions marketing chiffrées, programmées, budgétisées et responsabilisées.

PLV : publicité sur le lieu de vente (affichettes, panneaux, stop rayon, pancartes, vidéo, etc).

Positionnement : situation d'une marque sur son marché, définie par ses attributs produits, sa cible, ses bénéfices et ses concurrents (*Quoi ? À qui ? Pourquoi ? Contre qui ?*).

Prescripteur : personne qui conseille l'achat d'un bien ou d'un service à une autre personne.

Produit : bien ou service permettant de satisfaire un besoin sur un marché.

Projet d'entreprise : déclaration (*statement* en anglais) fixant les buts de l'entreprise.

Promesse : avantage principal offert aux clients par la marque ou le produit.

Promotion : action marketing temporaire qui cherche à stimuler l'achat d'un produit au-delà des caractéristiques et des bénéfices inhérents au produit lui-même.

Publicité : insertion payante et identifiée d'un message commercial ou promotionnel dans un des six grands médias (télévision, presse, radio, cinéma, affichage et Internet).

Pull : stratégie qui stimule la demande, pour que les clients « tirent » les produits des magasins.

Push : stratégie qui « pousse » le produit chez le distributeur pour inciter le consommateur à l'acheter.

Rachat : achat répétitif d'un même produit par un client ; le taux de rachat est le pourcentage de clients ayant fait au moins deux achats d'un produit dans une période donnée.

Référencement : acceptation par un distributeur de vendre un produit dans ses magasins.

Relations presse ou publiques : action de communication visant à créer ou renforcer la notoriété ou l'image de l'entreprise auprès de « publics » individualisés, comme les journalistes ou les prescripteurs.

Satisfaction : impression laissée chez le client par le produit après son utilisation ; elle est positive ou négative.

Segmentation : découpage d'un marché en groupes de consommateurs (segments) ayant des besoins homogènes.

SIM : système d'information marketing permettant de traiter tous les faits et données sur les marchés.

Stratégie : moyens par lesquels seront atteints les objectifs.

SWOT : *Strenghts*, *Weaknesses*, *Opportunities*, *Threats* (synthèse des opportunités et menaces du marché ou de l'environnement d'un côté, et des forces et faiblesses de l'entreprise de l'autre côté).

Test aveugle : test de produit où l'on masque la marque, par opposition au test identifié.

USP : *Unique Selling Proposition*, proposition de vente unique qui est le message unique et central de la communication.

Vache à lait : produit à forte rentabilité et en faible croissance.

Valeurs d'entreprise : ensemble des croyances et des principes qui guident ses actes et ses activités.

Valeur perçue : évaluation faite par le client d'un produit ; ce que le client est prêt à payer.

Vision : déclaration qui dit où l'entreprise veut aller, et qui brosse un tableau général de ce qu'elle veut devenir.

Yield management : optimisation commerciale et financière de l'offre de services disponibles par une politique flexible du prix, selon le moment de l'achat.

La bibliographie vite et bien

AAKER D. et LENDREVIE J., *Le Management du capital-marque*, Dalloz, 1994.

AUDIGIER G., *Marketing pour l'entreprise*, Gualino éditeur, 2003.

COURRENT J.-M. et SAMMUT S., *Élaborer son dossier financier de création*, 2e édition, Dunod, 2002.

DAYAN A., *La Publicité*, PUF, coll. « Que sais-je ? », 2003.

HIEBING R. et COOPER S., *The One Day Marketing Plan*, 3e édition, McGraw-Hill, 2004.

HOOLEY G., PIERCY N. et NICOULAUD B., *Marketing Strategy and Competitive Positioning*, 5e édition, Prentice Hall, 2008.

JOHNSON G. *et al.*, *Stratégique*, 2005, 7e édition, Pearson Education, 2005.

KOTLER P. et LANE KELLER K., *Marketing Management*, 12e édition, Prentice Hall, 2006.

LINDON D. et JALLAT F., *Le Marketing*, 5e édition, Dunod, 2005.

PAMERLEE D., *Preparing the Marketing Plan*, Contemporary Publishing Company, 2000.

PORTER M., *L'Avantage concurrentiel*, Dunod, 1999.

RIES A. et TROUT G., *Positionnement*, McGraw-Hill, 1986.

SIMMON Y. et JOFFRE P., *Encyclopédie de gestion*, 2e édition, Economica, 1997.

VILLEMUS P.,

La Fin des marques ? Vers un retour au produit, grand prix du livre de management 1996, Éditions d'Organisation, 1996.
L'Entreprise audacieuse. À la conquête des marchés de demain, Éditions d'Organisation, 2001.
Créations commerciales et publicitaires, Éditions d'Organisation, 2004.

WESTWOOD J., *30 Minutes to Write a Marketing Plan*, Kogan Page, 1997.

American Marketing Association, site www.marketingpower.com

L'index vite et bien

Table des matières

Composé par Sandrine Rénier

N° d'éditeur : 3775

Dépôt légal : janvier 2009
Imprimé en Allemagne par BoD